新型城镇化背景下社会治理评价指标体系构建与应用

南　锐◎著

中国社会科学出版社

图书在版编目（CIP）数据

新型城镇化背景下社会治理评价指标体系构建与应用/南锐著．—北京：中国社会科学出版社，2017.12

ISBN 978－7－5203－0438－2

Ⅰ.①新…　Ⅱ.①南…　Ⅲ.①社会管理—评价指标—研究—中国　Ⅳ.①D63

中国版本图书馆 CIP 数据核字(2017)第 108472 号

出 版 人　赵剑英
责任编辑　卢小生
责任校对　周晓东
责任印制　王　超

出　　版　中国社会科学出版社
社　　址　北京鼓楼西大街甲 158 号
邮　　编　100720
网　　址　http：//www.csspw.cn
发 行 部　010－84083685
门 市 部　010－84029450
经　　销　新华书店及其他书店

印　　刷　北京君升印刷有限公司
装　　订　廊坊市广阳区广增装订厂
版　　次　2017 年 12 月第 1 版
印　　次　2017 年 12 月第 1 次印刷

开　　本　710×1000　1/16
印　　张　14.25
插　　页　2
字　　数　211 千字
定　　价　60.00 元

序

城镇化是世界潮流，未来的世界将是一个城镇化的世界。城镇化对于世界上任何一个国家或地区都具有重大意义，正如联合国环境规划署署长阿希姆·施泰纳（Achim Steiner）所言："城镇化的成功就是国家的成功。"实现中国城镇化的转型升级，也就是实现中国从农业社会向现代社会全面的转型升级。新型城镇化是现代化的必由之路，是最大的内需潜力所在，是经济发展的重要动力，也是社会发展的重大民生工程。党的十八大和十八届二中、三中、四中、五中全会以及中央经济工作会议、中央城镇化工作会议、中央城市工作会议、中央扶贫开发工作会议、中央农村工作会议多次对中国特色新型城镇化道路进行了探索，确定了新型城镇化战略的"五位一体"总体布局和"四个全面"战略布局，牢固树立创新、协调、绿色、开放和共享的发展理念，坚持走以人为本、四化同步、优化布局、生态文明、文化传承的中国特色新型城镇化道路。当前背景下，新型城镇化既是前瞻性的发展战略，也是研究中国社会问题的最大背景。

与此同时，随着全球化、工业化、市场化的逐步推进，我国进入了社会转型时期，社会问题不断凸显，社会矛盾频发，社会风险倍增，这些都对社会治理提出了新的挑战，加强和创新社会治理也成为学界和政界关注的热点问题。从实践来看，党和政府对社会治理的认识经历一个逐步深化的过程。2013 年党的十八届三中全会，将社会管理升级为社会治理，提出要创新社会治理体制，推进国家治理体系和治理能力现代化；2015 年 12 月党的十八届五中全会进一步提出，要推进社会治理精细化，社会治理精细化将成为实现"善治"的重要途径。

新型城镇化和社会治理看似是两个不大相关的概念，但实践证明，两者之间存在相互联系、相互影响和相互作用的耦合关系，主要表现在价值和工具两大层面。在价值层面，新型城镇化与社会治理有着共同的价值取向——以人为本，视人为管理主体，更加尊重人的真实意愿和需求，着力凸显了“人的管理与服务”的价值内核，两者间是价值互动关系；在工具层面，新型城镇化与社会治理都涉及人口、经济、社会、资源、环境等多种社会要素的协调，具有工具层面的复杂性特征，是一项复杂的系统工程，都具有长期性和艰巨性特征，两者间是互相促进和互为目标的关系。总之，如何协调新型城镇化与社会治理之间的关系成为满足社会需求、促进社会发展、提升政府能力的重要体现。因而在新型城镇化背景下研究社会治理问题，既是最大限度地释放城镇化改革红利的重要举措，也是新背景下加强社会治理创新的重要内容。

诚然，在新型城镇化背景下，中国经济主义治理正在转向政治主义治理，更加倡导整体性治理，致力于打造更高质量、效率、公平和可持续的社会治理体系。以精细化治理为主要导向，对社会治理问题的研究离不开对现有社会治理水平的研究。而对社会治理水平，尤其是社会治理水平科学测度进行比较研究，更离不开相关标准的建立——科学、动态的社会治理评价指标体系。新型城镇化背景下，社会治理评价指标体系构建与应用研究，有助于开创社会治理科学计量研究的新视角，是进一步深化社会治理理论研究、走向标准化和科学化的重要途径之一，对全国和区域社会治理进行测度分析，有助于建立社会治理的科学评价标准，确立社会治理的新思维和新模式，从而为精细化社会治理的推进、治理能力和治理体系现代化的实现提供实践和数据上的支撑。很显然，本书的研究则是希望在此方面做出一定的贡献。

本书作者是我的一位博士生，现在也是一位长期专注于社会治理问题研究的青年学者，具备较为扎实的理论功底，我一直很看好他的发展前景。在读完他的书稿之后，对这位年轻学者严谨的学术态度和良好的学术能力倍感欣慰，并非常愿意向读者推荐这本著作。诚然，本书不可避免地存在一些值得商榷和完善的地方，但本书在新型城镇化背景下讨论社会治理评价指标体系的构建与应用，能为中国的新型城镇化实践和社会治理的转型升级提供有益的探索。

故作序。

北京师范大学政府管理学院
汪大海
2017 年 5 月于北京师范大学

前　言

新型城镇化是我国当前最大的结构调整、最大的内需源泉，也是最大的改革“红利”。实施新型城镇化战略是协调新型工业化发展、破解改革发展难题的必然选择，也是实现可持续发展、落实科学发展观的重要举措。当前，新型城镇化既是前瞻性的发展战略，也是研究我国社会问题的最大背景。与此同时，我国正处于社会转型期，利益分化现象严重，社会问题和社会矛盾频发，这些都对社会和谐稳定、经济发展提出了巨大的挑战。要破解这一系列难题，应对新型城镇化可能带来的风险和挑战，就必须加强和创新社会治理。因而，在新型城镇化背景下研究社会治理问题，既是有效释放城镇化改革红利的重要手段之一，也是在新时代背景下实现社会治理创新的重要举措。而对社会治理问题的研究离不开对社会治理水平的研究，构建科学的社会治理评价指标体系，则是研究社会治理水平的基础。相关指标体系构建与应用研究，有助于开创社会治理科学计量研究的新视角，是进一步深化社会治理理论研究走向标准化和科学化的重要途径之一，而对不同区域、省份社会治理水平进行测度分析，有助于建立社会治理的科学评价标准，确立社会治理的新思维和新模式，实现标本兼治的可持续性社会治理。

本书首先对“新型城镇化”和“社会治理”两个核心概念进行了界定，并系统阐述了理论基础——公共治理理论和政府绩效评估理论；其次基于新型城镇化与社会治理的内涵、核心和新特征，抽象出新型城镇化背景下社会治理的价值取向是以人为本，据此确定新型城镇化社会治理的三大目标：维系秩序、保障权利和改善民生，并在此逻辑下，进一步凝练出新型城镇化背景下社会治理四个主要方面：社会保障治理、社会安全治理、公共服务治理和社会参与治理；再次通过一系列指标筛选与优化，最终构建了包括 4 个一级指数、25 个具体指标的新型城镇化背景下社会治理评价指标体系；又次，采用 TOPSIS 分析法，对 2011 年全国 30 个省（市、自治区）社会治理水平进行测算与分析，并依据社会治理水平及子系统协调程度对社会治理水平进行了分类研究，划分了不同发展类型，进一步探讨社会治理水平与经济发展的关系；最后基于上述研究和分析，立足于实证研究结论，对症下药，提出政策建议。

本书研究结论如下：

（1）新型城镇化背景下社会治理的价值取向是以人为本，三大目标是维系秩序、保障权利和改善民生。

（2）在价值取向引导下，新型城镇化背景下社会治理主要内容重点指向社会保障治理、社会安全治理、公共服务治理和社会参与治理四个方面；基于指标体系构建的思路和逻辑，新型城镇化背景下社会治理评价指标体系可设置四个一级指数：社会保障治理指数、社会安全治理指数、公共服务治理指数和社会参与治理指数。

（3）基于社会治理投入与产出视角，通过指标初选、经验性筛选和鉴别力筛选，最终构建的新型城镇化背景下社会治理评价指标体系是一个包括 4 个一级指数，25 个具体指标的多层次复合指标体系。

（4）基于全国 30 个省份样本，采用 TOPSIS 法，对 2011 年我国区域、省份社会治理水平进行了测算分析。实证结果表明，我国社会治理总体水平比较低，且省份、区域间个体差异较大；东部、中部和西部三大区域间呈现广口“U”形特征；省份间社会治理水平呈现出葫芦形非均衡发展特征，并可划分为 8 种不同类型；社会治理水平与经济发展水平密切相关。

（5）基于理论分析和实证研究结论，提出发挥政府主导作用，构建多元主体参与机制；加大社会治理人、财、物投入，构建全方位社会治理保障机制；把握城镇化与社会治理互动关系，平衡经济建设与社会治理的关系；重塑以人为本的价值取向，完善利益表达与实现机制的政策建议。

目　　录

第一章　绪论

第一节　研究背景与意义

一　研究背景

诺贝尔经济学奖获得者西蒙·库兹涅茨曾指出："伴随经济增长，经济结构会发生巨大变化，这种变化中最重要的是工业化过程和城市化过程"。[①] 城镇化（在西方也称城市化）一直被认为是一国或地区经济增长、走向现代化的必经之路，也是推动经济发展的持久动力之一。从实践来看，世界上很多国家尤其是发达国家，城镇化进程推进较早，现已基本完成了城镇化进程，城镇化率高达80%以上，如新加坡、日本、法国、美国等（见表1－1）。与此同时，也实现了城镇化与工业化、社会治理的协调均衡发展，有效地推动了经济快速持续增长。

表1－1　　世界主要国家城镇化率一览　　单位：%

国家	1978年	1990年	2000年	2005年	2010年	2011年	2012年
新加坡	100.00	100.00	100.00	100.00	100.00	100.00	100.00
日本	75.99	77.34	78.65	85.98	90.54	91.14	91.73
智利	80.10	83.27	85.95	87.62	88.94	89.15	89.35

① ［美］西蒙·库兹涅茨：《现代经济增长》，戴睿等译，北京经济学院出版社1989年版。

续表

国家	1978 年	1990 年	2000 年	2005 年	2010 年	2011 年	2012 年
法国	73. 14	74. 06	76. 90	81. 56	85. 23	85. 74	86. 26
巴西	63. 60	73. 92	81. 19	82. 83	84. 34	84. 60	84. 87
韩国	53. 25	73. 84	79. 62	81. 35	82. 93	83. 20	83. 47
美国	73. 70	75. 30	79. 09	80. 73	82. 14	82. 38	82. 63
加拿大	75. 64	76. 58	79. 48	80. 12	80. 55	80. 66	80. 77
英国	78. 16	78. 14	78. 65	79. 01	79. 51	79. 64	79. 76
德国	72. 73	73. 12	73. 07	73. 36	73. 82	73. 94	74. 07
俄罗斯	68. 42	73. 39	73. 35	72. 93	73. 65	73. 82	74. 00
马来西亚	40. 29	49. 79	61. 98	67. 58	72. 01	72. 68	73. 36
朝鲜	56. 82	58. 38	59. 41	59. 81	60. 21	60. 34	60. 47
中国	18. 57	26. 44	35. 88	42. 52	49. 23	50. 50	51. 78

资料来源：数据来自世界银行城镇化数据库。

相比较而言，我国城镇化进程开始较晚，且推进速度比较缓慢。真正意义上的城镇化进程是始于新中国成立之后，但明显加快则是改革开放之后。据统计，1949—2013 年，我国城镇化率逐年增长，从 1949 年的 10. 64%，到 1990 年突破 25%，到 2000 年突破 35%，到 2010 年接近 50%，到 2013 年的 53. 73%（见图 1 – 1）。城镇化进程的加速在很大程度上促进了经济发展，也带动了相关产业的发展，增加了就业机会，转移了大量的农村剩余劳动力，我国城镇化取得了一定的成就。

但在肯定成绩的同时，不得不重新反思城镇化进程中出现的种种问题：第一，城镇化率虽逐年增长，但与发达国家相比，如新加坡、日本、美国、德国、法国等，差距十分明显，甚至还远远低于同为发展中国家的巴西、马来西亚和朝鲜等，较低城镇化率在一定程度上抑制了城镇化积极作用的发挥。第二，传统城镇化在很长一段时间内秉承“速度至上”的发展理念，“运动式”城镇化特征十分明显，导致了城镇化严重滞后于工业化，城镇化质量严重滞后于城镇化速度的“双滞后”的不匹配问题，表现为盲目造城而致使“鬼城”的出现、

“有城无市”、城市人口的肆意膨胀、城市污染问题、城市空心化、生存环境恶化等。这些问题的出现，不仅不能有效释放城镇化的积极作用，而且还会在一定程度上增加社会治理的难度和风险。显而易见，在当前背景下，传统城镇化已不再适应经济社会的发展，新型城镇化呼之欲出。

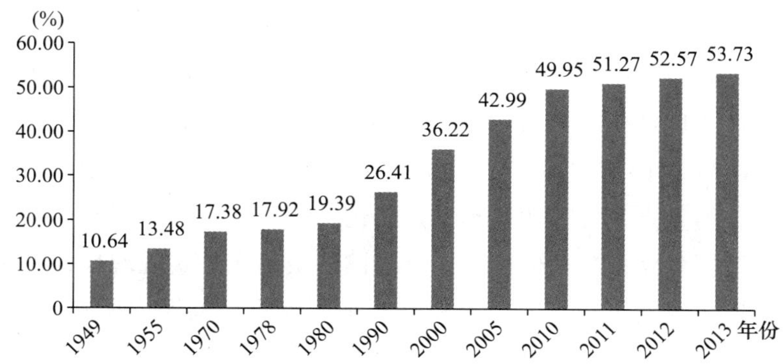

图 1－1 1949—2013 年我国城镇化率

资料来源：《中国统计年鉴》（2013），其中，2013 年数据来源于国家统计局官方统计公报。

与此同时，在当前阶段，城镇化对我国经济社会发展又被赋予了更深层次的意义。据国家统计局公布的数据，2011 年，我国 15—64 岁劳动年龄人口比重自 2002 年以来首次出现了下降；2012 年我国 15—59 岁劳动年龄人口在相当长时期里第一次出现了绝对下降，比上年减少 345 万。① 李实、蔡昉等很多学者认为，劳动年龄人口的下降意味着我国人口红利消失的拐点已出现，过去 30 多年，人口红利作为最大的改革红利局面也即将消失。② 在改革进入深水期时，寻求新的改革红利就显得尤为重要。新型城镇化有望成为新的改革红利，将

① 数据来源于国家统计局发布的《我国人口总量及结构变化情况》。

② 按照蔡昉等学者的观点，一国人口红利取决于两个指标：一是劳动年龄人口，二是将劳动年龄人口作为分母，其他年龄组如年幼、年老者作为分子得到的人口抚养比。如果劳动年龄人口增长，人口抚养比下降，就会带来人口红利，反之就没有人口红利。

城镇化潜力与改革红利结合起来，通过改革和制度变迁推动新型城镇化。很多学者指出，新型城镇化是我国当前最大的结构调整、最大的内需源泉，也是最大的改革“红利”（辜胜阻、迟福林等）。诺贝尔经济学奖获得者斯蒂格利茨也曾预言道：“中国的城镇化将是深刻影响 21 世纪人类发展两大课题之一。”①

党和政府已意识到新型城镇化对我国经济社会发展的重大意义，新一届政府对城镇化的定位更是上升到国家经济改革战略之上，如党的十八大报告中提及城镇化多达七次，李克强总理在多个场合以多种形式阐述“城镇化”相关观点多达十几次。2012 年年底，中央经济工作会议与 2013 年“两会”更是将“提高城镇化质量，建设新型城镇化”作为重点论题，明确提出走集约、智能、绿色、低碳的新型城镇化道路。李克强总理也指出：协调推进城镇化是实现现代化的重大战略选择，城镇化是我国最大内需，是扩内需最大潜力所在。② 2014 年 3 月，国务院颁布实施《国家新型城镇化规划（2014—2020 年）》，明确未来城镇化的发展路径、主要目标战略任务，统筹相关领域制度和政策创新，走中国特色新型城镇化道路，全面提高城镇化质量。可以这么说，推进新型城镇化战略是我国国情的必然要求，是破解改革与发展中的难题，实现新型工业化与城镇化协调发展的必然选择，也是实现可持续发展、落实科学发展的重要举措，实现全体人民共同富裕、让广大人民共享改革成果的题中应有之义。因而当前阶段，新型城镇化既是前瞻性的发展战略，也是研究中国社会问题的最大背景。

改革开放以来，随着全球化、工业化、市场化的逐步推进，我国进入了社会转型时期，具体表现为：“从整体、统一控制型社会向多元、自主决策型社会转变，从分割的蜂窝社会向流动的网络社会转变，从经济增长型向可持续发展型社会转变，从低风险社会向高风险

① 这是斯蒂格利茨于 2000 年 7 月在世界银行中国代表处的发言。

② 李克强：《在改革开放进程中深入实施扩大内需战略》，《人民日报》2012 年 2 月 16 日。

社会转变”。[①] 而且这种转型不是传统到现代的单一转型，而是一种“传统向现代、计划向市场”的双重转型，既有结构嬗变和体制转轨的同步演进，也有多元非均衡同期存在、发展的现实。[②] 在这种转型背景下，社会问题和社会矛盾频发，群体性事件呈几何级别递增，社会两极分化严重，城市病层出不穷，弱势群体利益难以实现，人与人之间缺乏信任等。这些问题的出现对社会和谐稳定、经济发展提出了巨大的挑战。而要解决这一系列难题的切实可行措施便是加强与创新社会治理。与此同时，社会治理也成为学界和政界研究和关注的热点问题。

社会治理，也称社会管理[③]，社会治理成为政界和学界热点问题始于21世纪之后。党和政府对社会治理的认识经历了一个逐步深化的探索过程。早在2002年党的十六大提出要改进社会管理；2003年党的十六届三中全会明确政府四大职能之一是社会管理职能；2004年党的十六届四中全会首次提出“党委领导、政府负责、社会协同、公众参与”的社会管理格局，阐述了社会管理多元共治特征，将社会管理不再仅仅局限于政府职能；2005年党的十六届五中全会提出要从行政体制改革角度来完善政府社会管理职能；2006年党的十六届六中全会首次提出加强社会管理的七方面的内容，并在报告中明确指出，加强社会管理，创新社会管理体制，整合社会管理资源，维护社会稳定，提高社会管理水平，健全社会管理格局，在服务中实施管理，在管理中体现服务；2007年党的十七大首次提出了健全社会管理体系的任务，开始从体系角度加强社会管理；2008年党的十七届三中全会进一步提出要健全农村的社会管理体系；2009年党的十七届四中全会从促进社会和谐能力提高的角度提出要重点提高社会管理本领；2010年

---

① 杨雪冬：《走向社会权利导向的社会管理体制》，《华中师范大学学报》（人文社会科学版）2010年第1期。

② 张明军、陈朋：《社会管理研究在中国：进路与焦点》，《学术界》2012年第1期。

③ 党的十八届三中全会，将社会管理变更为社会治理，对于两者间的区别与联系，学界存在较大的争议。但本书认为从概念的外延和内涵来看，基于对评价指标体系的评价与构建的角度，视两者为相近的概念，不进行区分。

党的十七届五中全会从基本公共服务体系健全的角度提出要加强社会管理能力建设，创新社会管理机制；2011 年党的十七届六中全会从文化体制改革的角度提出要加强包括社会管理职能在内的政府职能转变，同年，胡锦涛总书记在《省部级主要领导干部社会管理及其创新专题研讨班》开班式上强调要激发社会活力，提高社会管理水平，维护社会和谐与稳定；2012 年党的十八大将社会管理与民生并列为社会建设的重要内容，并将“法治保障”增加到社会管理格局中，形成了“党委领导、政府负责、社会协同、公众参与、法治保障”的新型管理格局；2013 年党的十八届三中全会再次提出，要创新社会治理体制，改进社会治理方式，构建社会矛盾预防与化解机制，健全公共安全体系，提高社会治理水平，协调维护社会稳定与增强社会活力之间的关系。[①] 详见表 1 – 2。

表 1 – 2　　2002—2013 年社会治理主要事件一览

年份	会议	主要观点
2002	党的十六大	首次提出要改进社会管理
2003	党的十六届三中全会	将社会管理定位成政府四大职能之一
2004	党的十六届四中全会	首次提出“党委领导、政府负责、社会协同、公众参与”的社会管理格局
2005	党的十六届五中全会	提出要从行政体制改革角度来完善政府社会管理职能
2006	党的十六届六中全会	首次提出加强社会管理七个方面的内容
2007	党的十七大	首次提出了健全社会管理体系的任务
2008	党的十七届三中全会	提出要健全农村的社会管理体系
2009	党的十七届四中全会	从促进社会和谐能力提高的角度提出要重点提高社会管理本领
2010	党的十七届五中全会	从基本公共服务体系健全的角度提出要加强社会管理能力建设
2011	党的十七届六中全会	从文化体制改革的角度提出要加强政府社会管理职能的转变
2012	党的十八大	凸显民生问题，提出“党委领导、政府负责、社会协同、公众参与、法治保障”的新型社会管理格局
2013	党的十八届三中全会	要创新社会治理体制，改进社会治理方式，构建社会矛盾预防与化解机制，健全公共安全体系

① 在公报中，将社会管理变更为社会治理，但本书认为，两者内涵大体一致，因而并未进行区分。

当前阶段，新型城镇化已经成为研究我国社会治理问题的最大背景。新型城镇化是一项涉及政治、经济、社会、生态的系统性工程，势必会带来社会结构的多元化和利益群体的分化，以及社会结构的阶层化和利益关系的市场化。传统城镇化带来一系列社会问题和社会矛盾，需要改变社会治理方式，提高社会治理水平来逐一解决；而新型城镇化可能带来的结构性风险，同样需要加强和创新社会治理，提高社会治理水平来积极化解。因而，新型城镇化同样需要社会治理的加强与创新。

与此同时也应看到，传统社会治理是在“不出事”逻辑的作用下形成的，强调经济的发展，而忽视社会的发展，“人”不是社会治理的主体而是客体，较多地采用管控的单一管理手段，使传统社会治理百弊丛生。而从国际上来看，巴西、阿根廷、墨西哥等新型市场国家正是因为在城市化（城镇化）过程中，未能很好地提升社会治理短板，从而陷入了“中等收入陷阱”“拉美化陷阱”，使整个社会面临着价值失范、社会冲突、秩序紊乱、社会动荡等社会治理问题。这不仅大大增加了社会治理的难度和风险，也影响到了城市化进程的顺利推进。以色列学者叶海卡·德罗尔也指出：“社会需求与政策无能”构成了社会发展与政府能力问题的正题与反题。① 那么当前背景下，如何协调新型城镇化与社会治理之间的关系就成为满足社会需求，解决政策无能的有效途径之一，也是促进社会发展，提升政府能力的重要体现。实践经验显示，城镇化与社会治理不是相互矛盾、相互制约的关系，而是互为动力、互为目标的耦合关系，具有内在的一致性和契合性。因而在新型城镇化背景下研究社会治理问题，既是最大限度释放城镇化改革红利的重要举措，也是新背景下加强社会治理创新的重要内容。②

当然，新型城镇化背景下对社会治理问题的研究离不开对现有社

---

① ［以］叶海卡·德罗尔：《逆境中的政策制定》，王满传等译，上海远东出版社 1996 年版，第 135—136 页。

② 汪大海、南锐：《新型城镇化背景下的社会管理转型升级——从碎片化社会管理走向整体性社会管理》，《学术界》2013 年第 12 期。

会治理水平的研究。而对社会治理水平，尤其是社会治理水平科学测度比较研究，更离不开相关标准的建立——科学、动态的社会治理评价指标体系。新型城镇化背景下社会治理评价指标体系构建与应用研究，有助于开创社会治理科学计量研究的新视角，是进一步深化社会治理理论研究走向标准化和科学化的重要途径之一，对全国和区域社会治理进行测度分析，有助于建立社会治理的科学评价标准，确立社会治理的新思维和新模式，实现标本兼治的可持续性社会治理。本书正是在此背景下提出的。

二　研究意义

本书基于新型城镇化背景下社会治理的以人为本价值取向，紧紧围绕新型城镇化背景下社会治理的三大目标——维系秩序、保障权利和改善民生，构建了社会治理评价指标体系，并借助该指标体系对我国不同区域、省份社会治理水平进行测度和分类研究。这在理论上是一项基于定量角度对我国社会治理理论的创新性研究，在实践上是构建本土化、科学化社会治理水平评估体系的科学设计活动，具有重要的理论意义和现实意义。

（一）理论意义

第一，有助于深入研究和形成具有时代特征、中国特色的社会治理新经验、新理论。我国社会治理根植于我国国情，具有较强的中国特色，而新型城镇化是当前研究我国社会问题的最大背景，具有鲜明的时代特征。本书基于新型城镇化的背景，从新型城镇化与社会治理耦合关系出发，深入研究新型城镇化背景下社会治理评价所应具备的维度和标准，以及重点关注的领域和内容，构建出指标体系，是深入研究中国特色社会治理与新型城镇化时代特征相契合的重要体现，在一定程度上形成和丰富了具有时代特征、中国特色的社会治理新经验、新理论。

第二，有助于深入探索新型城镇化与社会治理互动发展规律，丰富了城镇化理论和社会治理理论。目前，学界分别对新型城镇化和社会治理的相关理论研究较多，而较少关注到两者之间关系的研究。本书基于系统论的视角，从工具层面和价值层面两个方面界定了新型城镇化与社会治理之间的耦合互动关系，并指出两者之间是相互影响、相互促进的关系，新型城镇化给社会治理带来的不仅仅是挑战和风险，更多的是机遇；而社会治理的加强和创新，又能科学、健康地推进我国城镇化进程，实现经济增长。这一研究，在一定程度上丰富了城镇化理论和社会治理理论，而且更为重要的是，将城镇化进程与社会治理创新结合起来，为经济学、管理学和社会学研究新型城镇化与社会治理提供了一种新的研究思路，具有重要理论意义。

第三，构建科学、动态的新型城镇化背景下社会治理评价指标体系，有助于开创社会治理的科学化、标准化理论的研究。目前，学界对社会治理评价指标体系的研究还处于起步阶段，现有研究多以零散指标为主，缺乏专门性的指标体系。本书则基于新型城镇化与社会治理的互动关系，从社会保障治理、社会安全治理、公共服务治理和社会参与治理四个方面，构建了社会治理评价指标体系，并对我国不同区域、不同省份社会治理水平进行测度与比较分析，不仅为社会治理科学计量研究提供了新视角，而且为社会治理理论走向标准化和科学化提供重要启发，在一定程度上丰富了社会治理理论，具有重要理论意义。

（二）现实意义

第一，有助于加快落实中央关于推进新型城镇化与加强社会治理创新政策措施。在当前背景下，中央适时提出要加速城镇化进程，最大限度地释放城镇化红利，并在新型城镇化背景下加强和创新社会治理，构建新型社会治理体制，确保人们安居乐业，社会稳定有序发展。因而对新型城镇化和社会治理，尤其是将两者结合在一起进行研究，探讨两者之间内在耦合关系和运行逻辑，不仅可以为我国当前阶段推进新型城镇化进程提供重要的参考，有利于在加强和创新社会治理的前提下，科学健康推进新型城镇化；而且可以为我国社会治理发展提供重要的理论借鉴，有利于新型城镇化背景下社会治理的加强和创新，从而实现人口、经济与社会的可持续发展，确保中央相关政策措施的落实。

第二，有助于促进新型城镇化与社会治理协调发展的政策设计。

新型城镇化和社会治理是当前我国经济社会发展中面临的两大问题，两者之间既有联系也有区别，它们之间若协调好，能互相促进、互相推动；反之，则会给彼此增加难度和带来新的风险。本书借助新型城镇化背景下社会治理评价指标体系，对我国不同区域、不同省份社会治理水平进行测算，进行区域等级划分，并根据社会水平子系统协调度进行分类，深入探讨社会治理水平与经济发展之间的关系，并形成一些较为具体、较为系统的实证结论。而这些结论来源于实证，是对实践的科学、标准评估，势必会对新型城镇化与社会治理协调发展的政策设计提供直接的量化依据和参考，从而提高相关决策的科学性和合理性。

第三，有助于为新型城镇化背景下社会治理的创新提供一套科学、动态的评价标准。传统社会治理身陷成本高、风险大的困境，主要原因在于缺乏一套科学、动态的评价标准对实践进行指导，从而使相关社会治理实践缺乏目标和标准。本书基于新型城镇化背景下社会治理以人为本的价值取向，从秩序维系、权利保障和民生改善三大目标出发，凸显人的治理与服务，并从社会治理最重要的社会保障治理、社会安全治理、公共服务治理和社会参与治理四大方面入手，构建了新型城镇化背景下社会治理评价指标体系。这不仅可以为不同区域、不同省份的社会治理水平评估提供一套相对科学和完备的评价体系，促使我国社会治理科学标准化的评估体系建立，以评促改，实现社会治理水平的提升，而且还可以为国家和地方相关决策部门制定加强和创新社会治理政策提供量化的参考建议具有重要的现实意义。

第二节　国内外文献综述

一　国外文献综述

早期的社会管理是一个有中国特色的专业术语，国外学界很少提及社会管理这一词汇，而是较多地使用了社会治理这一词汇。后期我国政界和学界逐步接受了社会治理这个概念。因而，本书在进行文献综述时，未对二者进行严格区分，而是将二者视为相近的概念。

（一）社会治理理论研究的文献综述

国外学界对社会的治理思想和理论由来已久，而且在对社会治理方式不断调整和完善过程中，形成了一套较为成熟的社会治理基础理论，如新公共管理理论、新公共服务理论、治理与善治理论等。而这些理论也为本书研究奠定了重要基础。由于相关理论较多，本书主要沿着社会治理理论发展阶段以及相关视角两个方面进行综述。

1. 社会治理理论发展阶段及观点的综述

国外学界对社会治理理论的研究时间较长，大致可分为以下三个阶段：

第一阶段（19 世纪中期）：社会治理理论产生阶段。在这一阶段，主要是从政府社会治理及相关职能的角度出发，认为政府履行社会治理职能主要是进行社会秩序管理，旨在维护资产阶级的利益和社会的稳定。与此同时，也强调政府社会治理职能是有限的，主张社会自我管理为主。

第二阶段（20 世纪初至 80 年代）：社会治理理论发展阶段，也称为政府全面管理阶段。认为社会自我管理的作用是非常有限的，政府对社会的宏观控制应得到重视，以社会福利最大化为目标的社会治理理论和福利国家理论使西方社会治理理论逐渐走向成熟。建立完善的社会保障和福利制度、缓和资本家和工人关系成为这一时期社会治理的主流思想和措施。

第三阶段（20 世纪 80 年代后）：社会治理理论繁荣阶段。20 世纪 80 年代，西方很多发达国家出现了“滞涨”状态，在市场和政府都出现失灵的情况下，西方学界对社会治理理论研究开始沿着如何处理政府、市场和社会的关系进行，主要分为三种：（1）社会主导的社会治理。这种观点的代表人物主要有洛克、霍布斯、孟德斯鸠、卢梭等，他们强调社会作用大，社会应实现自我管理，国家只不过是社会发展的工具，“自愿组成的联合团体通常会比国家用强迫力量来做得更好”，“小政府—大社会”，即小政府就是好政府。[①]（2）政府主导的社会治理。这种观点的代表人物主要有黑格尔、凯恩斯等，他们强调的观点恰恰与社会主导的社会治理观点相对，认为“只有通过凌驾于市民社会之上的国家，才能超出个人利益，克服市民社会占统治地位的任性、偶然性、贫困、压迫以及各种对立和冲突”，主张建立“大政府、小社会”，即大政府是最好的政府。[②]（3）社会—政府合作治理。这种观点的代表人物主要有彼特·德鲁克、莱斯特·M. 萨拉蒙等，他们认为，政府和社会的分离和对立，都不能有效地实现社会治理，必须将其结合起来，才能实现善治，“强调社会治理应主动利用基本社会组织、社会利益群体、非政府组织进行社会协作治理”。[③]

2. 社会治理理论研究视角及观点的综述

国外对于社会治理理论研究视角呈现多样化，有社会学、政治学、经济学、人类学等宏观视角，研究的内容也涉及方方面面。但归结到具体微观研究视角，则主要表现为制度主义、功能主义和管理主义三大视角，具体研究内容如下：

第一，基于制度主义视角的社会治理理论研究。在制度主义视角下的社会治理研究是主要基于政府改革的收益—成本来论述政府相关制度改革的成效，即衡量社会治理相关制度改革的成效主要取决于它的成本收益比。如诺斯（North，1990）基于市场经济制度与绩效的角度分析成本收益比[④]，皮尔逊（Pierson，2000）和罗思坦（Roth-

① ［英］约翰·洛克：《政府论》下篇，叶启芳等译，商务印书馆 2011 年版，第 127—152 页。

［法］让·雅克·卢梭：《社会契约论》，何兆武译，商务印书馆 1980 年版，第 75—87 页。

② ［英］约翰·梅纳德·凯恩斯：《凯恩斯文集》，李春荣等译，中国社会科学出版社 2013 年版，第 65 页。

③ ［美］莱斯特·M. 萨拉蒙：《全球公民社会——非营利部门视角》，贾西津等译，社会科学文献出版社 2002 年版，第 17—31 页。

④ North，D.，*Institutions*，*Institutional Change and Economic Performance*，Cambridge：Cambridge University Press，1990，pp. 91 - 107.

stein，1998）则基于民主政治视角，研究制度的实践与意义①，Dimaggio 和 Powell（1991）则侧重于组织视角，研究制度对组织的社会学意义。②

第二，基于功能主义视角的社会治理理论研究。这一类研究认为社会行动者之间通过互动方式构成了一个动态的社会系统，而行动者的行动则是该系统中的某种结构。行动者在该系统中通过自己扮演的不同角色与社会发生着某种联系。代表作有帕森斯的《社会行动的结构》《正式组织一般理论的若干部分》《社会系统》等。③

第三，基于管理主义视角的社会治理理论研究。这类研究相对比较成熟，是在新公共管理理论、新公共服务理论、治理理论的基础下形成的。其中，新公共管理理论将激励机制引入，以效率和竞争为核心价值，促使公共部门不断改革，主张通过公共组织的变革催生社会治理的变革④；新公共服务理论是建立在对新公共管理理论批判和反思的基础上的，以民主、参与、人本等为核心价值，强调公共利益的实现，主张在社会治理过程中，更加重视公共利益的实现⑤；治理理论认为治理是“政府改变其在社会中的角色与能力，并在严酷的内在因素限制下，来追求集体利益”（Pierre and Peter，2000），⑥ 因而社会治理（治理）是“一种能促使公共管理者或机关内化公共利益，或运用公共支出来实践正面价值的概括性制度或途径”（Lawrence and

---

① Pierson，P.，“The Limits of Design：Explaining Institutional Origins and Change”，*Governance*，Vol. 13，No. 4，2000，pp. 475－499.

Rothstein，B.，*Just Institutions Matter*：*The Moral and Political Logic of the Universal Welfare State*，New York：Cambridge University Press，1998，pp. 255－271.

② Dimaggio，P. and Powell，W.，*The New Institutionalism in Organizational Analysis*，Chicago：University of Chicago Press，1991，pp. 131－136.

③ ［美］帕森斯：《社会行动的结构》，彭刚等译，上海译林出版社 2003 年版，第 48—78 页。

④ Owen E. Hughes，*Public Management and Administration*：*An Introduction*（*Three edtion*），Beijing：Renmin University of China Press，2004，pp. 91－101.

⑤ Janet Vinzant Denhard and Robert B. Denhardt，*The New Public Service*：*Serving*，*Not Steering*，New York：M. E. Sharpe，2007，pp. 72－95.

⑥ Jon Pierre and Guy Peter，*What is Governance*，Macmillan Press Ltd.，2000，p. 141.

Heinrich，2001）。①

（二）城市化（城镇化）背景下社会治理问题的文献综述

本书选题是在城镇化背景下研究社会治理问题，因而国外学界对相关问题的研究综述就显得尤为重要。从实践来看，国外很多国家已经完成城市化进程。在此基础上，对城市化背景下社会治理问题的研究主要以凝练规律和总结经验教训为主。因而本部分在文献综述方面，也是沿着这两条主线进行的。

1. 城市化（城镇化）进程中衍生的社会问题及社会治理的综述

国外学界对此问题研究，主要是以问题为导向，通过研究城市化（城镇化）进程中衍生的社会问题及其相关治理措施，来实现城市化（城镇化）与社会治理的均衡发展。如巴布（Barbu）认为，城市化规模达到一定程度，就会导致滋生“城市病”的风险，表现为人与自然、人与人、人与社会的对立，这都给社会治理带来巨大挑战（Barbu，2013）；② 而在城市化（城镇化）可能带来的具体社会问题论述上，主要有城市贫民窟（Weaver，1986；Zafar，2009；Shome，2013）；③ 种族马赛克拼图（各种族、民族以同质形式居住在特定的街区，彼此间以“拼图”形式存在，即彼此隔离的状态）（Emilio，

---

① Lynn，Lawrence E.，Carolyn J. Heinrich and Carolyn J. Hill，*Improving governance：A new logic for empirical research*，Washington D. C.：Georgetown University Press，2001，p. 37.

② Corentin M. Barbu，“The Effects of City Streets on an Urban Disease Vector”，*PLOS Computational Biology*，Vol. 9，No. 1，2013，pp. 1 – 9.

③ Robert R. Weaver，“Some implications of the emergence and diffusion of medical expert systems”，*Qualitative Sociology*，Vol. 9，No. 3，1986，pp. 237 – 255.

Afia Zafar，“Frequency of isolation of various subtypes and antimicrobial resistance of Shigella from urban slums of Karachi”，*International Journal of Infectious Diseases*，Vol. 13，No. 6，2009，pp. 668 – 672.

Samik Shome，“India's urbanization and business attractiveness by 2020”，*Cities*，Vol. 31，2013，pp. 412 – 416.

1996；Jonathan，2012）；[①] 城市的衰落（Kahsai，2010）[②]；等等。在此基础上，西方学界普遍认为，城市化进程是城市和乡村融合的过程，但融合不会自动实现，需要一定的条件，如果条件不具备，就会造成不同阶层分化现象的加剧，给城市化进程中社会治理带来“拉美化陷阱”，即城镇化水平较高，而社会治理水平却很低的失衡局面（Golgher，2008），带来人口过度膨胀、失业严重、收入分配两极分化、环境恶化等一系列社会问题。[③] 这些问题的出现不仅会影响城市化进程，而且会给社会治理带来巨大的挑战和风险。

2. 城市化（城镇化）进程中社会治理规律研究的综述

这部分研究是顺承上部分而来的，是在对城市化进程衍生出社会问题的治理中形成的，主要可以概括为以下几个方面：一是城市化在解决一些传统社会问题的同时，衍生了一些新的社会问题，如人口膨胀、贫富差距过大、环境污染、社会治安恶化以及社会不稳定等，而在某些领域则是新旧社会问题负面效应的叠加（Ray M. Northam，1975；H. S. Geyer and T. M. Kontuly，1996；Leigh，2001；Sugrue，2005）；[④] 二是城市化进程社会治理重视多中心网络治理，强调社会治理的“共治性”和“协同性”，通过整合政府、非政府组织和公民的力量提高社会治理水平，从而减少“搭便车”行为，提高决策的科

---

① Emilio Antonio and William D. Taylor, *Crisis and hope in latin america: An Evangelical Perspective*, Chicago: Moody Press, 1996, pp. 37 – 48.

Bell Jonathan, “Book review: The racial mosaic of modern America: California and the history of the civil rights movement”, *LSE Review of Books Blog Entry*, 26 Jul. 2012, pp. 1 – 4.

② Mulugeta S. Kahsai, “Deconcentration, Counter – Urbanization, or Trend Reversal? The Population Distribution of Switzerland, Revisited”, *The Open Urban Studies Journal*, No. 3, 2010, pp. 89 – 102.

③ Bemardo L. Queiroz and Andre B. Golgher, “Human capital differentials across municipalities and states in Brazil”, *Population Review*, Vol. 47, No. 2, 2008, p. 25.

④ Ray M. Northam, *Urban Geography*, Wiley, 1975, pp. 28 – 46.

H. S. Geyer and T. M. Kontuly, *Differential Urbanization: Integrating Spatial Models*, Armold, 1996, p. 343.

Shaw – Taylor, Leigh, “Parliamentary Enclosure and the Emergence of an English Agricultural Proletariat”, *Journal of Economic History*, Vol. 61, No. 3, 2001, pp. 640 – 662.

Thomas J. Sugrue, *The Origins of the Urban Crisis: Race and Inequality in Postwar Detroit*, Princeton University Press, 2005, pp. 235 – 271.

学性（Gerard van Bortel et al.，2009；Benjamin K. Sovacool，2010；Evan S. Lieberman，2011；Sirkku Juhola et al.，2011；James K. Agbodzakey，2012；Juan Gabriel et al.，2012）。①

（三）社会治理评价指标体系的文献综述

在西方学界，社会治理评价指标体系多以社会治理指数的形式出现。由于社会治理在西方直接提及很少，那么西方专门针对社会治理指数构建及评估的研究也很少，而与之相关的研究更的多是为了区别经济管理指数而提出的，旨在通过一些社会指标来评价社会治理水平。

西方国家通过社会指标来评价社会治理的研究主要始于20世纪60年代，最初比较权威的有关社会指标研究文献是由鲍尔（Bauer，1966）提出的。② 此后，OECD利用社会指标对各国的社会治理和社会发展进行评估，将其定义为“在一段时间内对基本社会问题进行监管的直接的并且有效的数据测量指标”，并且提出了24项衡量指标（OECD，1976）。③ 这之后各国开始重视对自己国家的社会发展和社

---

① Gerard van Bortel，David Mullins and Mary Lee Rhodes，“Exploring Network Governance in Urban Regeneration，Community Involvement and Integration”，*Journal of Housing and the Built Environment*，Vol. 24，No. 2，2009，pp. 93 – 101.

Benjamin K. Sovacool，“An International Comparison of Four Polycentric Approaches to Climate and Energy Governance”，*Energy Policy*，Vol. 39，2011，pp. 3832 – 3844.

Evan S. Lieberman，“The Perils of Polycentric Governance of Infectious Disease in South Africa”，*Social Science & Medicine*，Vol. 73，2011，pp. 676 – 684.

Sirkku Juhola and Lisa Westerhoff，“Challenges of Adaptation to Climate Change across Multiple Scales：A Case Study of Network Governance in Two European Countries”，*Environmental Science & Policy*，Vol. 14，2011，pp. 239 – 247.

James K. Agbodzakey，“Collaborative Governance of HIV Health Services Planning Councils in Broward and Palm Beach Counties of South Florida”，*Public Organization Review*，Vol. 12，No. 2，2012，pp. 107 – 126.

Juan – Gabriel Cegarra – Navarroa，José Rodrigo Córdoba Pachónb and José Luis Moreno Cegarra，“E – government and citizen's engagement with local affairs through e – websites：The case of Spanish municipalities”，*International Journal of Information Management*，Vol. 32，No. 5，2012，pp. 469 – 478.

② Raymond A. Bauer，*Social Indicators*，MIT Press，1966，pp. 188 – 203.

③ Organisation for Economic Cooperation and Development（OECD），*Measuring social well – being：A progress report on the development of social indicators*，1976.

会治理提出不同的评估指标或建立不同的评估体系，为社会治理的评估提供了依据。具体而言，主要体现在以下三个层面。

（1）趋向于宏观政策研究层面，将影响公共政策的社会因素、社会福利和社会经济因素定量化，并据此建立相关评价指标体系用于评估，如社会因素定量化（Neuman，1997）、社会福利定量化（Andrews and Withey，1976）、社会经济定量化（Choguill，1993）。[①] 但这类研究仅仅是对社会治理的某些方面有所涉及，而并没有专门、系统、全面地评估社会治理水平，因而不具有较好的代表性。

（2）趋向于中观（城市或社区）层面，通过提出相关指标，对城市、社区等一类中观主体的社会治理水平进行评估研究，如构建相关指标对城市社会模式进行评估研究（Kloosterman，1996）[②]，对社区媒介需求进行评估研究（Mackenbach，1992）[③] 等，但这类研究往往只是提出了一些相关指标，并未形成专门的评价指标体系。

（3）趋向于微观（个人）层面，构建专门指标或指标体系对民众的生活状况进行考察和评估，如医疗健康、个人发展情况、就业与职业生活的质量、时间与休闲满意程度、对商品和服务的评价、个人安全与社会公平、社会机会与参与等（Boelhouwer，2002；Armstrong and Francis，2003）。[④] 这些社会指标经过甄选和定量化后，主要用于

---

① Neuman，W. L.，*Social Research Methods：Qualitative and Quantitative Approaches*，Boston：Allyn and Bacon，1997，pp. 17 – 28.

Frank M. Andrews and Stephen Bassett Withey，*Social indicators of well – being：Americans´perceptions of life quality*，Plenum Press，1976，pp. 101 – 122.

Choguill C. and Solomon E.，"Social aspects of economic readjustment in Hungary：A consideration of the role of socio – economic indicators"，*Social Indicators Research*，Vol. 29，No. 2，1993，pp. 205 – 228.

② Kloosterman，R.，"Double Dutch：Polarization trends in Amsterdam and Rotterdam after 1980"，*Regional Studies*，Vol. 30，No. 5，1996，pp. 467 – 477.

③ Mackenbach，J.，"Socio – economic health differences in the Netherlands：A review of recent empirical findings" *Social Science and Medicine*，Vol. 35，No. 3，1992，pp. 213 – 227.

④ Boelhouwer，J.，"Social indicators and living conditions in the Netherlands"，*Social Indicators Research*，Vol. 60，2002，pp. 89 – 1103.

Armstrong，A. and Francis，R.，"Social indicators – promises and problems：A critical review"，*Evaluation Journal of Australasia*，No. 3，2003，pp. 7 – 26.

特定空间模式或社会模式的划分和排名。

二 国内文献综述

国内学界对城镇化和社会治理（或管理）的研究相对较晚，但最近这些年，尤其是最近十年，对二者的研究呈兴盛之势。研究内容涉及两者的方方面面，视角也是非常多元化的。与本书研究密切相关的主要体现在以下几个方面。

（一）相关概念研究的文献综述

本书研究新型城镇化背景下社会治理（或管理）评价指标体系问题，那么与研究密切相关的主要有以下三组概念：城镇化与新型城镇化、社会治理（或管理）与社会治理（或管理）创新、社会治理（或管理）体系与社会治理（或管理）评价指标体系。

1. 城镇化与新型城镇化的综述

城镇化，在国外一般称城市化、都市化，是塞瑟达（A. Serda）首次在著作中提出的，被用来大致描述乡村向城市演变的过程；至20世纪，这一名词已经在全世界范围内被多数学者所接受，20世纪70年代后期被引入中国学术界并被接受（周一星，1995）。[①] “城镇化”源于“城市化”，国内学界，城镇化概念最早是辜胜阻（1991）提出的，认为城镇化是在经济发展过程中人口不断由农村向城镇地区集中的过程。[②] 而我国政府首次在官方文件中使用城镇化概念则是始于1998年的中共十五届四中全会。至于城镇化概念的界定，目前学界存在一定的分歧，代表性观点如下：一是城镇化是社会生产力发展引起的城镇数量增加及其规模扩大，以及由此引起的人类生产方式、生活方式和居住方式改变的过程（蒙世军，1998；顾朝林，1999）。[③] 二是城镇化是农村人口向城镇转移，而导致城镇数量增加和城镇人口比

① 周一星：《城市地理学》，商务印书馆1995年版，第59—64页。

② 辜胜阻：《非农化与城镇化研究》，浙江人民出版社1991年版，第1—3页。

③ 蒙世军：《城镇化与民族经济繁荣》，中央民族大学出版社1998年版，第26—30页。

顾朝林：《经济全球化与中国城市发展》，商务印书馆1999年版，第1—10页。

重增大的过程（曾培炎，2001；姜爱林，2002）。[①] 虽然这两种观点存在不同，但都表明了城镇化的农村人口向城市人口转移和集中、生活方式和居住方式转变的共性特征。

而新型城镇化的概念内生于城镇化概念，是与传统城镇化相对的。国内学界对新型城镇化并没有一个明确的界定，但大部分学者认为，新型城镇化是城镇化在新时期新的表现形式，主要是指“以科学发展观为统领，以新型工业化以及信息化为推动力，追求人口、经济、社会、资源、环境等协调发展的城乡一体化的城镇化发展道路”（吴江等，2009）。[②] 新型城镇化与传统城镇化二者之间既有区别，又有联系，二者在时代背景、推动主体、发展动力、发展模式等方面都不相同，新型城镇化是对传统城镇化的扬弃。简而言之，新型城镇化的核心是人的城镇化，关键是提高人的生活质量，要走集约、节能、生态的新路子，防止违反规律人为造，以免出现“有城无市”和唱“空城计”（李克强，2013）。[③] 虽然这些概念界定存在一些差异，但都强调新型城镇化是对传统城镇化的一种扬弃，核心是人的城镇化，同样伴随着乡村人口向城镇转移，城镇规模的扩大，旨在推动人口、经济、社会、资源、环境等协调发展，更加强调城镇化的质量。

2. 社会治理（或管理）与社会治理（或管理）创新的综述

对社会治理（或管理）的界定，有广义和狭义两种，广义的社会治理（或管理）是对整个社会系统的治理（或管理），包括经济管理、政治（行政）管理、思想管理和对社会发展的管理四个基本部分，其中对社会发展的管理就是狭义的社会治理（或管理）（童星，

---

① 曾培炎：《中国经济和社会发展第十个五年计划学习纲要辅导》，人民出版社 2001 年版，第 1—13 页。

姜爱林：《新中国成立以来城镇化发展的历史变迁》，《河南大学学报》（社会科学版）2002 年第 5 期。

② 吴江、王斌、申丽娟：《中国新型城镇化进程中的地方政府行为研究》，《中国行政管理》2009 年第 3 期。

③ 这是 2013 年 1 月 15 日，李克强总理到国家粮食局科学研究院考察调研时讲话内容的节选。

1991；刘继同，2000），[①] 有的学者还认为，广义的社会治理（或管理）等同于公共管理（李程伟，2005）；[②] 还有学者认为，广义的社会治理（或管理）是指整个社会的管理，即包括政治、经济、思想文化、社会生活等多个子系统在内的整个社会大系统管理（郑杭生，2011）。[③]

本书的研究对象是狭义的社会治理（或管理）。对狭义的社会治理（或管理）的界定主要分为以下三类：一是基于政府社会治理职能的角度，认为社会治理（或管理）是政府的一项重要职能，即通过相关政策和法规，对社会生活的方方面面所进行的规划、指导、组织和控制行为（和经纬，2005；李德国等，2005）[④]；二是基于多元主体的角度，认为社会治理（或管理）是包括政府、社会组织在内的多元主体，对社会系统的不同部分、社会生活的不同领域、社会发展的不同环节进行组织、服务、管理和控制的全过程（李学举，2005；张康之，2008；陆学艺，2011）[⑤]，旨在解决社会问题、预防和化解社会矛盾、应对社会风险和挑战、创造秩序和活力并存的社会环境、维护社会的有序安定（何增科，2009；丁元竹，2008；马凯，2010）[⑥]；

---

① 童星：《社会管理学概论》，南京大学出版社 1991 年版，第 1—10 页。

刘继同：《由静态管理到动态管理：中国社会管理模式的战略转变》，《管理世界》2002 年第 10 期。

② 李程伟：《社会管理体制创新：公共管理学视角的解读》，《中国行政管理》2005 年第 5 期。

③ 郑杭生：《我国社会建设社会管理的参照系及其启示》，《国家行政学院学报》2011 年第 6 期。

④ 和经纬：《和谐社会视野下的政府社会管理》，《武汉理工大学学报》（社会科学版）2005 年第 5 期。

李德国、蔡晶晶：《理解政府的社会管理职能》，《领导文萃》2005 年第 5 期。

⑤ 李学举：《加强社会建设和管理，促进社会和谐发展》，《求是》2005 年第 4 期。

陆学艺：《中国社会建设与社会管理：对话争鸣》，社会科学文献出版社 2011 年版，第 1—7 页。

张康之：《论参与治理、社会自治与合作治理》，《行政论坛》2008 年第 6 期。

⑥ 何增科：《我国社会管理体制的现状分析》，《甘肃行政学院学报》2009 年第 4 期。

丁元竹：《中国社会建设：战略思路与基本对策》，北京大学出版社 2008 年版，第 15—22 页。

马凯：《努力加强和创新社会管理》，《国家行政学院学报》2010 年第 10 期。

三是基于社会角度，认为社会治理（或管理）是以政府干预和协调为条件，以基层社区自治为基础，以非营利社会组织为中介，动员公众广泛参与的互动过程，强调社会自治与自我管理（李屏南、叶宏，2007；周红云，2009；李培林，2011）。①

同样的道理，社会治理（或管理）创新概念也内生于社会治理（或管理），是社会治理（或管理）与创新的复合体。国内学者对社会治理（或管理）创新概念的界定主要分为两类：一是基于过程论，认为社会治理（或管理）创新是社会治理（或管理）的创新过程，主要基于社会治理（或管理）内容发现新的事物、新的理念、新的规范、新的体制、新的方法，进而做出新的实践（杨建顺，2010；李强，2012）②；二是基于重构论，认为社会治理（或管理）创新是社会治理（或管理）价值、系统、模式以及体系的不断变革和完善的重构过程，其目的是实现社会的善治（周红云，2009；刘旺洪，2011）。③

3. 社会治理（或管理）体系与社会治理（或管理）评价指标体系的综述

目前，国内学界对社会治理（或管理）体系概念的界定主要是从体系的构成内容角度来进行的。如魏礼群认为，社会治理（或管理）体系包括社会治理（或管理）工作体系、社会治理（或管理）制度体系、维护群众权益体系、改善公共服务体系、规范社会行为体系、保障公共安全体系和虚拟社会治理（或管理）体系七大方面（魏礼

---

① 李屏南、叶宏：《构建促进社会和谐的社会管理机制》，《湖南师范大学社会科学学报》2007年第2期。

李培林：《社会建设与我国新发展阶段的战略选择》，《中共中央党校学报》2011年第6期。

周红云：《理解社会管理与社会管理体制：一个角度和框架》，《中共天津市委党校学报》2009年第3期。

② 杨建顺：《社会管理创新的内容、路径与价值分析》，《检察日报》2010年2月2日。

李强：《社会管理创新重在体制创立》，《辽宁日报》2012年12月11日。

③ 刘旺洪：《社会管理创新：概念界定、总体思路和体系建构》，《江海学刊》2011年第5期。

群，2011）[①]；刘旺洪认为，社会治理（或管理）体系包括民生民权服务保障体系、社会纠纷多元解决体系、安全稳定维护应对体系、公民社会培育发展体系、社会治理（或管理）队伍建设体系、社会治理（或管理）组织领导体系六个组成部分（刘旺洪，2011）[②]，等等；宋林飞则是从社会治理（或管理）价值共识、社会治理（或管理）阶段特征、社会治理（或管理）主体、社会治理（或管理）公众参与、社会风险预警与控制等方面具体论述了社会治理（或管理）体系的构建问题（宋林飞，2012）。[③]

国内学界虽然对社会治理（或管理）评价指标体系并没有给出明确的定义，但有些学者，基于不同研究视角，对其内涵给出了界定：认为当前阶段社会治理（或管理）评价指标体系就是政府社会治理（或管理）职能绩效评价指标体系，主要是用来衡量政府绩效的（王莺，2008）；[④] 有的学者则以地方政府为例，认为地方政府社会治理（或管理）评价指标体系是衡量地方政府社会治理（或管理）能力绩效的评价指标体系，应分为非政府组织（NGO）和居民两个评价维度的指标体系（黄强等，2009）；[⑤] 还有学者则认为，社会治理包括社会管理和社会参与，因而社会管理评价指标体系是社会治理评价指标体系的一部分（中国社会管理评价体系课题组，2012）。[⑥] 这些研究为本书指标体系构建提供了思路，但很显然，与本书的研究对象存在较大的差别。

---

① 魏礼群：《新形势下加强和创新社会管理研究》，国家行政学院出版社 2011 年版，第 1—17 页。

② 刘旺洪：《社会管理创新：概念界定、总体思路和体系建构》，《江海学刊》2011 年第 5 期。

③ 宋林飞：《建立社会管理体系的难点和突破》，《社会科学研究》2012 年第 6 期。

④ 王莺：《西部地区省级政府社会管理职能绩效评价的实证研究》，硕士学位论文，西北大学，2008 年，第 16—26 页。

⑤ 黄强、程旭宇、刘琪：《地方政府社会管理能力绩效评价指标体系建构——基于网络治理的局限性》，《福建论坛》（人文社会科学版）2009 年第 8 期。

⑥ 中国社会管理评价体系课题组：《中国社会治理评价指标体系》，中央编译出版社 2012 年版，第 2—29 页。

（二）（新型）城镇化背景下社会治理（或管理）问题研究的文献综述

目前，国内学界对（新型）城镇化背景下社会治理（或管理）问题研究处于萌芽阶段，相关研究成果非常少。为数不多的研究将关注点放在城镇化与治理转型的关系，以及城镇化进程中社会治理（或管理）问题研究等方面。

1.（新型）城镇化进程与治理转型之间的关系研究

治理转型是社会治理的一个重要方面。此类研究认为，城镇化进程与治理转型，尤其是地方政府治理转型之间是一种表征关系，即城镇化需要政府治理转型来支撑，而政府治理转型的变迁也是在城镇化背景下作出的。具体来说，在城镇化进程中，政府为了更好地适应自身角色，不得不强化公共服务和社会治理（或管理）等本质性职能，在不断转变政府职能过程中实现治理转型，而治理转型本身则属于城镇化过程（郁建兴、冯涛，2011）。[①] 虽然此研究与本书研究对象略有差别，但笔者认为，此文提出的二者表征关系同样存在于新型城镇化与社会治理之间。

2.（新型）城镇化背景下探讨社会治理（或管理）问题

国内学界在城镇化背景下研究社会治理问题也是最近几年才开始出现的。代表性学者及观点有：徐学初在肯定了城镇化具有促进经济发展、提升社会发展层次等作用的基础上，强调城镇化进程会在一定程度上催生社会治理（或管理）的加强与创新。具体来说，城镇化进程会逐步打破传统社会治理（或管理）模式，表现为社会治理（或管理）中的一些深层次问题和矛盾不断显现，给社会治理（或管理）带来了风险，而这在客观上要求加强和创新社会治理（或管理）来适应这种新变化，久而久之，社会治理（或管理）水平就会得到提升（徐学初，2012）。[②] 陈庆立则将关注点放在了农村社会治理（或管

---

① 郁建兴、冯涛：《城市化进程中的地方政府治理转型：一个新的分析框架》，《社会科学》2011 年第 11 期。

② 徐学初：《在城镇化背景下深入推进社会管理创新》，《青海统计》2012 年第 8 期。

理）问题上，认为新型城镇化进程中伴随着农村生产、生活方式的改变，社会治理（或管理）的重点应放在农村社会治理（或管理）问题的研究上，据此提出一系列加强农村社会治理（或管理）的对策建议（陈庆立，2013）。① 以上研究更多的是将（新型）城镇化作为一个研究背景，并没有在深入探讨（新型）城镇化与社会治理（或管理）基础上研究相关社会治理（或管理）问题，且缺乏一定的深度。

（三）社会治理（或管理）评价指标体系研究的文献综述

目前学界对社会治理（或管理）评价指标体系的研究还处于起步阶段，现有与之密切相关的研究主要集中在以下三个方面：

1. 侧重于从居民幸福感的视角构建社会治理（或管理）评价指标体系

这类研究的指标主要是从住房、收入、就业、教育、环境、卫生、安全、工作、生活等民生方面进行选取的，通常在指标体系的应用上，坚持主观指标和客观指标相结合的原则（郑方辉，2011；谭敏，2013）②，但这类研究只是将研究重点立足于民生问题，而忽视了社会治理（或管理）其他方面的内容，缺乏一定的代表性和全面性。

2. 以政府为对象，侧重于从政府职能和绩效考核的角度构建社会治理（或管理）评价指标体系

如王莺构建了包括维护社会公平、维护社会秩序、人口素质、保护环境、可持续发展5个内容层32个指标的政府社会治理（或管理）职能绩效评价指标体系（王莺，2008）；③ 黄强、程旭宇等则构建了以非政府组织、居民为目标群体的地方政府社会治理（或管理）能力绩效评价指标体系，并进行了实证分析（黄强、程旭宇等，2009）；④

---

① 陈庆立：《城镇化视角下农村社会管理创新研究》，《城市观察》2013年第1期。

② 郑方辉：《幸福指数及其评价指标体系构建》，《学术研究》2011年第6期。

谭敏：《幸福指数研究及其应用的若干误区与思考》，《福建论坛》（人文社会科学版）2013年第6期。

③ 王莺：《西部地区省级政府社会管理职能绩效评价的实证研究》，硕士学位论文，西北大学，2008年，第16—26页。

④ 黄强、程旭宇、刘琪：《地方政府社会管理能力绩效评价指标体系建构——基于网络治理的局限性》，《福建论坛》（人文社会科学版）2009年第8期。

李超显则基于 DEA 模型，从投入与产出角度对政府社会治理（或管理）职能绩效进行了评价（李超显，2012）。① 但这类研究只关注了社会治理（或管理）中的政府这个重要主体，而忽视公众、社会组织等其他重要主体，与现阶段多元社会治理（或管理）主体的发展趋势存在一定的距离。

3. 以社会治理（或管理）多元主体为对象，侧重于从多元共治的角度构建社会治理（或管理）评价指标体系

这类研究与本书最为契合，但相关研究却很少，能检索到仅有中央编译局课题组的社会治理评价指标体系。该课题组（2012）认为，社会治理包括社会管理和社会自治，其构建的指标体系包括人类发展、社会公平、公共服务、社会保障、公共安全和社会参与 6 个二级指标以及 35 个三级指标，坚持主观指标和客观指标相结合，但并没有进行实证研究。②

三 研究述评

尽管各位学者对新型城镇化、社会治理评价指标体系的研究都有不同程度的涉猎，但很少有学者将新型城镇化与社会治理评价指标体系有机结合起来进行研究。本书认为，当前阶段新型城镇化是研究我国社会问题的最大背景，新型城镇化与社会治理具有价值层面和工具层面的耦合互动关系，因而社会治理评价指标体系构建中需要体现新型城镇化的人口、经济、社会、资源、环境等多要素协调发展的内在要求。

尽管有一些学者开始积极关注城镇化与社会治理的相关性研究，或是在城镇化背景下研究社会治理问题，但现有研究大多仅仅以城镇化作为一个宏观背景，而缺少从探寻二者之间的内在逻辑关系，并从逻辑关系出发，研究现有社会治理问题。本书认为，新型城镇化与社会治理存在外在和内在两个维度的逻辑一致关系，研究新型城镇

---

① 李超显：《基于 DEA 模型的我国政府社会管理职能绩效评价研究》，《中国行政管理》2012 年第 7 期。

② 中国社会管理评价体系课题组：《中国社会治理评价指标体系》，中央编译出版社 2012 年版，第 2—29 页。

化背景下社会治理问题，需要在深入把握二者内在逻辑的基础下进行。

尽管有些学者已经开始构建社会治理评价指标体系对社会治理水平进行评估研究，但现有研究大多是以政府为对象的，针对政府社会治理水平的绩效评估，鲜有涉及公众、社会组织等其他重要主体；在研究内容上也是以民生问题作为重点，鲜有涉及公共安全、社会参与等方面。本书认为，当前阶段，社会治理是多元主体实施的社会治理，离开其他主体建立指标体系，并对社会治理水平进行评估，是有失公允的，也是不全面的；仅仅关注民生问题，而忽视其他方面的社会治理评价指标体系的构建与应用，显然是忽略社会治理的维系秩序、保障权利等其他目标的实现。

第三节　研究内容、思路与方法

一　研究内容

本书研究的主要内容是：（1）从新型城镇化与社会治理的内涵出发，充分把握二者之间互动关系，确定新型城镇化背景下社会治理的价值取向——以人为本，并据此确定其三大目标：维系秩序、保障权利和改善民生；（2）基于上述分析基础，深入阐述新型城镇化背景下社会治理评价指标体系构建的原则、逻辑与思路，并据此确定该指标体系的四个主要方面：社会保障治理、社会安全管理、公共服务治理和社会参与治理；（3）通过初选指标，进行经验性筛选和鉴别力筛选，构建出包括4个一级指数，25个具体指标的多层次复合指标体系；（4）借助该指标体系，采用TOPSIS分析法，对2011年全国30个省（市、自治区）社会治理水平进行测算与分析；基于社会治理水平及子系统水平对社会治理水平进行分类研究，划分不同发展类型；并在此基础上，进一步探讨社会治理水平与经济发展之间的关系；（5）基于理论分析和实证研究的结论，围绕“政府—市场—社会”互动关系提出新型城镇化背景下提升社会治理水平的政策建议。

围绕上述问题，本书章节结构如下：

第一章绪论。主要介绍本书研究背景与意义、国内外文献综述、研究内容、思路与方法、创新与特色之处，是本书的写作基础。

第二章相关概念界定与理论基础。首先对“新型城镇化”与“社会治理”两个核心概念的内涵和范畴进行界定，其次对本书的理论基础——公共治理理论和政府绩效评估理论进行系统的阐述，为全文研究奠定理论基础。

第三章新型城镇化背景下社会治理的价值取向与目标。本章首先基于新型城镇化与社会治理的内涵，凝练出新型城镇化背景下社会治理的价值取向是以人为本；其次基于以人为本的价值取向，概括出维系秩序、保障权利和改善民生三大目标，为指标体系层级设置奠定基础。

第四章新型城镇化背景下社会治理评价指标体系构建原则、思路与逻辑。本章首先阐述了指标体系构建的原则；其次基于新型城镇化背景下社会治理的新特征，以及现有数据收集与获得情况，阐述了指标体系设计的主要思路；最后基于新型城镇化与社会治理耦合关系，以及新型城镇化背景下社会治理三大目标实现的逻辑，概括出新型城镇化背景下社会治理评价指标体系的四个主要方面：社会保障治理、社会安全治理、公共服务治理和社会参与治理。

第五章新型城镇化背景下社会治理评价指标体系构建。本章首先基于社会保障治理指数、社会安全治理指数、公共服务治理指数、社会参与治理指数构建指标体系的初选指标库；其次，通过经验性筛选（指标合成、剔除处理）和鉴别力筛选（一致性系数检验）等方法对指标进行了筛选与优化，一共保留 25 个指标；最后，对指标和指数进行解释说明，并采用层次分析法确定它们的权重，最终构建包括 4 个一级指数和 25 个具体指标的指标体系。

第六章新型城镇化背景下社会治理评价指标体系应用。本章首先对实证研究采用的主要方法和模型进行说明，奠定研究基础；其次，借助指标体系，采用 TOPSIS 分析法，对 2011 年全国 30 个省（市、自治区）社会保障治理水平、社会安全治理水平、公共服务治理水平、社会参与治理水平、社会治理水平进行测算与分析，划分不同区域等级；最后，基于社会治理水平及子系统水平对社会治理水平进行分类研究，划分不同发展类型，并在此基础上，探讨社会治理水平与经济发展水平的关系。

第七章主要结论与政策建议。本章立足于实证研究的主要结论，对症下药，提出具体的政策建议。在政策建议方面，主要是基于“政府—市场—社会”三方互动机理，从多元主体治理格局的构建、相关保障机制的完善、价值取向的重塑等方面提出的。

第八章为总结与展望。本章对本书的核心观点进行总结，并指出现有研究的不足之处及后续研究应该关注的领域和问题。

二　研究思路与框架

第一，立足于本书选题，确定研究对象，据此进行国内外相关文献的综述，发现现有研究不足，以及可进入的领域，初步设想出研究内容、思路与方法。

第二，对“新型城镇化”和“社会治理”两个核心概念的内涵进行界定，并对本书的理论基础——公共治理理论和政府绩效评估理论进行系统的阐述，为本书研究奠定理论基础。

第三，基于新型城镇化与社会治理的内涵和新特征，概括出新型城镇化背景下社会治理的价值取向是以人为本，并据此确定新型城镇化背景下社会治理的三大目标：维系秩序、保障权利和改善民生。

第四，明确指标体系构建的原则和思路，基于新型城镇化与社会治理互动关系，以及三大目标实现的逻辑，进一步概括出新型城镇化背景下社会治理四个主要方面：社会保障治理、社会安全治理、公共服务治理和社会参与治理，并据此设置为 4 个一级指数。

第五，基于 4 个一级指数，从投入产出的角度，通过指标初选，经验性筛选和鉴别力筛选，最终构建一个包括4个一级指数和25个具体指标的多层次复合指标体系。

第六，采用TOPSIS分析法，对2011年全国30个省（市、自治区）社会保障治理水平、社会安全治理水平、公共服务治理水平、社会参与治理水平、社会治理水平进行测算与分析，并对社会治理水平及子系统水平对社会治理水平进行分类研究，划分不同发展类型，进一步探讨社会治理水平与经济发展之间的关系。

第七，基于上述研究和分析，主要立足于实证研究的主要结论，提出具体的政策建议。

在此研究思路下，本书的研究框架如图1-2所示。

三 研究方法

（一）文献研究法

文献研究法是规范研究方法的一种，立足于现有相关研究文献资料，深入把握文献资料之间的联系，并基于自身研究目的，对文献资料相关观点进行整理、分析，并得出新的观点或结论的研究方法。本书对国内外研究现状的综述、相关概念的界定、新型城镇化与社会治理互动关系分析、新型城镇化背景下社会治理的价值取向与目标的确定，以及相关政策建议的制定等问题的研究都是基于文献研究方法而完成的。

（二）指数测算模型构建法

指数测算模型构建法是一系列指标体系构建与应用的数理统计方法的综合，主要用于本书评价指标体系的构建与应用。在本书研究中，该方法的应用主要通过以下三个层次实现：第一，基于理论基础，构建了新型城镇化背景下社会治理评价指标体系的初选指标库；第二，采用经验性检验和一致性系数检验等方法，进行指标的筛选与优化；第三，基于专家打分结果，建立判断矩阵，确定指标的权重，并选择适当的评价方法——TOPSIS法，初步构建出地方社会治理创新指数的测算模型，之后将运用SPSS、Eviews等相关统计分析软件对其效度、信度等方面进行检验，以保证研究的科学性与严谨性。

提出问题
选题背景
研究意义
研究内容
研究思路
研究方法
文献综述
基础理论
新型城镇化
互动关系
社会治理
分析问题
新型城镇化背景下社会治理的价值取向、目标与评价维度
价值取向
以人为本
目标
维系秩序
保障权利
改善民生
评价维度
社会保障治理
社会安全治理
公共服务治理
社会参与治理
新型城镇化背景下社会治理评价指标体系构建
构建原则、思路与逻辑
构建原则
构建思路
构建逻辑
指标初选与筛选
指标初步选取
指标经验性筛选
指标鉴别力筛选
指标体系构建
指标权重确定
指标解释及说明
指数解释及说明
解决问题
新型城镇化背景下社会治理评价指标体系应用
社会治理分项指数测算分析
社会保障治理指数
社会安全治理指数
公共服务治理指数
社会参与治理指数
2011年全国30个省份
社会治理指数测算及分析
社会治理指数测算
社会治理水平分类研究
与经济发展关系探索
主要结论
政策建议

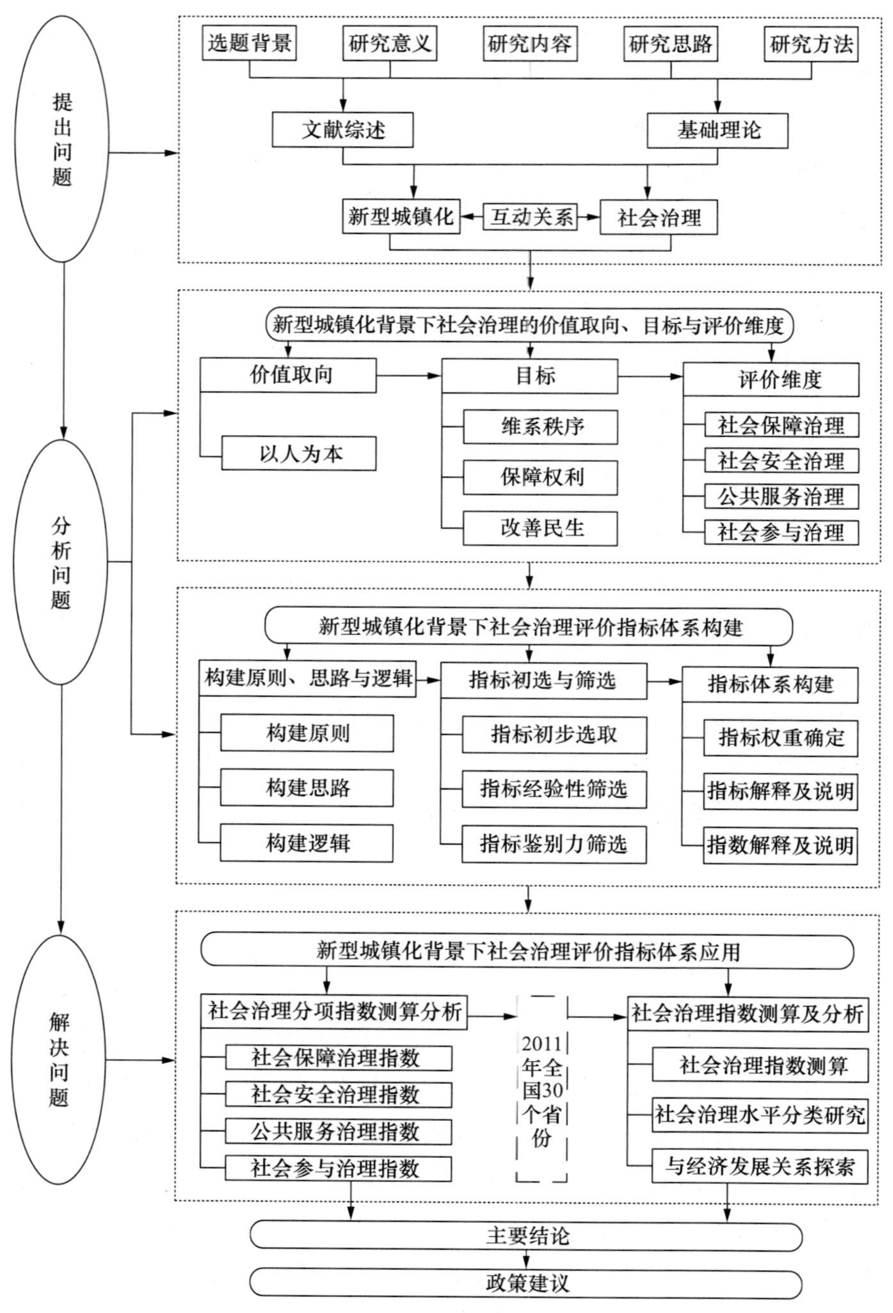

图 1-2　本书的研究框架

（三）实证研究法

基于以人为本价值取向的新型城镇化背景下社会治理评价指标体系的设计与筛选是本书研究的核心问题，在研究过程中主要以定性分析与定量分析相结合的实证研究方法。本书首先基于以人为本价值取向构建四个一级指数，而后基于投入和产出角度建立初选指标库，并通过经验性检验和鉴别力检验等数理统计方法对指标进行筛选与优化；其次借助李克特量表，依据专家打分结果，采用层次分析法确定了指标权重；最后运用 TOPSIS 法对 2011 年全国 30 个省（市、自治区）社会治理水平进行测度分析，并得出相关实证结论。

（四）问卷调查与量表法

要了解社会治理领域的相关问题必然需要进行信息收集，而问卷调查法是经常采用的一种有效方法。本书在指标的选取、权重确定等方面专家意见的咨询采用的便是问卷调查与量表相结合的方法。另外，在数据的整理方面，采用李克特量表将相关数据进行量化，然后分别对其进行整理，以便将具有共同属性的地区进行相应的比较，既发现其同质的方面又挖掘其异质的一面，保证研究的全面性和科学性。

第四节　创新与特色之处

由于社会治理涉及的内容十分庞杂，评估难度较大，因而目前国内学界对基于社会治理评估的指标体系构建与应用等相关研究还处于起步阶段。本书也尝试此方面的探索研究，具体来说，本书的创新与特色之处主要体现在以下几方面：

一　搭建全面的新型城镇化背景下社会治理评价的理论框架

现阶段对社会治理评价的研究刚刚起步，研究成果非常少，而立足于新型城镇化这个背景研究社会治理评价问题的成果则少之又少。与此同时，已有社会治理评价指标体系不仅大部分立论不足，缺乏一定科学性和实践性，而且绝大部分侧重于从评估政府这一单一主体出发来构建指标体系，缺少对社会组织、自治组织、公众等对象的评估。因此，本书立足于公共治理和政府绩效评估两大理论，在深入解析新型城镇化与社会治理内涵的基础上，确定新型城镇化背景下社会治理的价值取向是以人为本，据此确定新型城镇化背景下社会治理的三大目标：维系秩序、保障权利和改善民生，并通过深入分析三大目标的内涵，凝练出新型城镇化背景下社会治理评估的四个主要方面：社会保障治理、社会安全治理、公共服务治理和社会参与治理。其理论框架包括社会保障治理评价、社会安全治理评价、公共服务治理评价和社会参与治理评价四个方面。对新型城镇化背景下社会治理评价理论框架的研究既是本书指标体系构建的理论依据，也是本书研究的创新与特色之处。

二　构建了科学的新型城镇化背景下社会治理评价指标体系

构建科学的评价指标体系是在新型城镇化背景下对不同区域、不同省份社会治理水平进行评估的关键所在。构建新型城镇化背景下社会治理评价指标体系必须要明确指标的对象，确定指标选取的原则，并能借助一定的方法对其进行筛选和优化。本书首先在充分把握新型城镇化与社会治理互动关系的规律，基于二者的内涵确定了以人为本的价值取向，以及维系秩序、保障权利和改善民生三大目标；其次立足于新型城镇化与社会治理的耦合关系、三大目标的逻辑确定了指标体系的四个一级指数：社会保障治理指数、社会安全治理指数、公共服务治理指数和社会参与治理指数；最后基于四个一级指数，侧重于投入与产出角度，进行指标初选，并通过指标的经验性筛选和鉴别力筛选（一致性系数检验）等数理统计方法，最终构建包括社会保障治理指数、社会安全治理指数、公共服务治理指数、社会参与治理指数4个一级指数的共计25项指标组成的新型城镇化背景下社会治理评价指标体系。与以往研究相比，不论是指标体系构建的程序、思路与逻辑，还是具体指标体系的建立，在一定程度上弥补了现有研究的不足，具有一定的创新性。

三 提出了系统的新型城镇化背景下社会治理评价的实证研究范式

实证研究范式是一系列实证研究方法和应用的有机组合，范式确定是指标体系应用不可或缺的一步。目前，学界为数不多的新型城镇化背景下社会治理评价研究普遍呈现出实证研究范式缺失的不足。本书为了最大限度地保证评价结果的科学性，提出以下系统的实证研究范式：

首先，依据20名专家打分的结果，构建判断矩阵，采用了层次分析法确定指标的权重，完成了实证研究的第一步。

其次，采用TOPSIS模型对全国30个省（市、自治区）的2011年社会保障治理水平、社会安全治理水平、公共服务治理水平、社会参与治理水平、社会治理水平进行了实证评价，给出了排序结果、聚类分析结果以及区域等级的划分。

再次，在上述研究的基础上，引入系统协调度指标，基于社会治理及四个子系统水平，进行分类研究，进一步将其划分为八类不同发展类型，并在此基础上讨论社会治理水平与经济发展之间的关系。

最后，基于实证研究的结论，具体问题具体分析，为新型城镇化背景下加强和创新社会治理，实现社会治理转型升级政策制定和实施提供现实依据和实践支撑。从目前阶段来看，系统的新型城镇化背景下社会治理评价实证研究范式的提出具有一定的创新性和特色性。

第二章　相关概念界定与理论基础

第一节　相关概念界定

一　新型城镇化

新型城镇化是城镇化在新时期下的具体表现形式，是对传统城镇化的扬弃。新型城镇化的概念根源于城镇化的概念。由于世界上很多国家城镇规模非常小，甚至没有镇的建制，因而城镇化在国外也被广泛称为城市化，而城镇化则是一个有中国特色的词汇。不过，二者均译自“Urbanization”一词，其内涵基本一致，可视为同一概念。①

国外学术界，对于城市化（城镇化）的概念，存在多种解释。比如，肯特·P. 施威里安和约翰·W. 普雷恩（Kent P. Schwirian and Jhon W. Prehn）认为，城市化不仅仅是城市人口不断增加的过程，而且也应包括城市的生活方式、行为模式以及思考问题方式向城市周围地区辐射的全过程②；美国著名社会学家路易斯·沃思（Louis Wirth, 1989）认为，城市化是乡村生活方式向城市生活方式发生质变的全过程。③ 可见城市化绝不是简单的城市人口规模的增加，而是城市生活

---

① 张占斌：《新型城镇化的战略意义和改革难题》，《国家行政学院学报》2013 年第 1 期。

② Kent P. Schwirian and John W. Prehn, “An Axiomatic Theory of Urbanization”, *American Sociological Review*, Vol. 27, No. 6, 1962, p. 812.

③ Louis Wirth, “Urbanization as a way of life”, *American Journal of Sociology*, Vol. 49, 1989, pp. 46 – 63.

方式融入的全过程。国内学界，城镇化概念最早是辜胜阻（1991）提出的，认为城镇化是在经济发展过程中人口不断由农村向城镇地区集中的过程，[①] 而我国政府首次在官方文件中使用城镇化概念则是始于1998年的中共十五届四中全会。目前学界对城镇化概念的界定并未完全统一，不同学科对城镇化的内涵进行了不同的解读，具体来说：

基于社会学角度，学者们侧重于城镇化生活方式的变化，强调城镇化是城镇化社会生活方式的产生、发展和扩散的过程，体现的是一种城市社会生活方式向农村深入渗透的过程[②]；基于经济学角度，学者们侧重于城镇经济转化，强调城镇化是农村经济向城市经济转化，城市经济向农村经济渗透的过程，并伴随着生产要素由农村流向城镇，农业产业向非农产业的转化[③]；基于人口学角度，学者们侧重于城镇化人口规模的扩大，强调城镇化是农村人口向城镇聚集，城镇人口规模扩大的过程，并伴随着城镇的数量和规模的扩大[④]；基于地理学角度，学者们侧重于地域演化的空间过程，强调城镇化是乡村地域景观向城镇地域景观的转化，城镇地域向外扩张和城镇内部地域不断演替的过程，并涉及地域演替过程中人口、产业等诸多要素的转变（见图2－1）。[⑤]

虽然不同学科学者对城镇化内涵界定呈现出一定的差异性，但总体而言，学者们认为，城镇化是随着经济社会的发展，农村人口向城镇聚集，城镇化人口规模扩大的过程，并直接伴随着城市化社会生活方式的扩散、农村经济向城市经济的转化、乡村地域景观向城市地域景观的转化。

① 辜胜阻：《非农化与城镇化研究》，浙江人民出版社1991年版，第1页。

② 崔功豪：《城市地理学》，江苏教育出版社1986年版，第106页。

③ ［美］沃纳·赫希：《城市经济学》，刘世庆等译，中国社会科学出版社1990年版，第22页。

④ ［美］赫茨勒：《世界人口的危机》，何新等译，商务印书馆1963年版，第52页。

⑤ ［日］山鹿城次：《城市地理学》，朱德泽等译，湖北教育出版社1986年版，第106页。

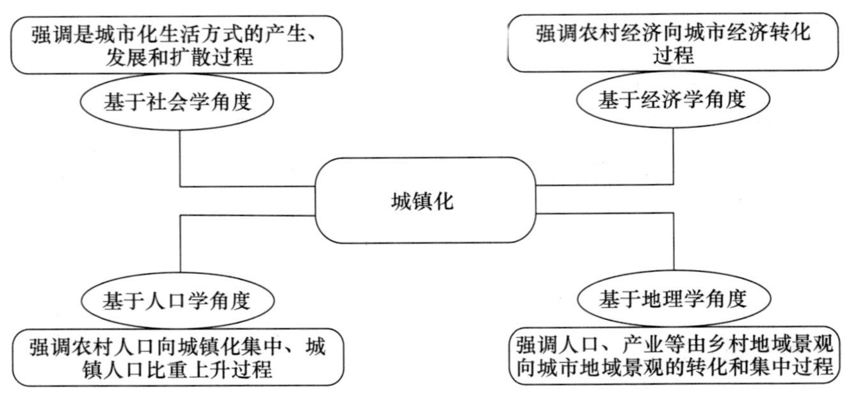

图 2－1　不同学科对城镇化内涵的界定

至于新型城镇化，则是城镇化在新时期的一种表现形式，是为区别传统城镇化而提出的。目前学界对新型城镇化并没有一个统一的界定，但大多数学者认为，新型城镇化是对传统城镇化的扬弃，核心是人的城镇化，在适度城镇化速度上更加强调城镇化质量，注重经济、社会、人口、环境、资源等要素的可持续发展。但这只是一个较为宽泛的界定。若从传统城镇化与新型城镇化的区别角度而言，新型城镇化主要呈现出以下两大鲜明特征①：

（一）新型城镇化的核心是人的城镇化，强调人的主体地位和价值，是对传统“物的城镇化”的扬弃

我国城镇化发展实践显示，传统城镇化注重物的城镇化，即追求以“高楼大厦”为标志的城市形象，追求城镇化人口的比重，而忽视了城镇主体人的存在、需求以及权利的保障。而新型城镇化要纠正上述错误认识，回归到人的城镇化，尊重城乡居民在城镇化中的主体地位，从人的需求出发，注重城镇化进程中人的需求满足与价值实现，塑造以人为本的价值取向。具体来说，新型城镇化将更加凸显人的管理与服务，关注弱势群体的利益的分配与保障，着力改善民生，提高

① 单卓然、黄亚平：《“新型城镇化”概念内涵、目标、内容、规划策略及认知误区解析》，《城市规划学刊》2013 年第 2 期。

城乡居民的收入水平；更加关注基本公共服务供给的规模和质量，建立健全医疗、卫生、教育、社会保障公共服务制度，全面提升公共服务均等化的水平和层次；推行城乡统一的户籍制度、土地、行政管理体制，有序实现农业转移人口的市民化，提高城乡统筹的层次和质量。

（二）新型城镇化的目标是城镇化质量，强调在追求适度城镇化速度基础上城镇化质量的提升，是对传统“速度至上”发展理念的否定

在过去很长一段时间，我国城镇化出现了盲目追求城镇化速度的热潮，“速度至上”成为传统城镇化战略的主要导向，以致很多地区城镇化率很高，而居民的生活质量并未得到明显改善，甚至还出现了恶化的征兆，“城市病”日益突出，制约了城镇化的可持续发展。而新型城镇化是对传统城镇化“速度至上”理念的彻底否定，强调城镇化速度与城镇化质量的协调发展，即在追求适度城镇化速度基础上，更加注重城镇化经济质量、社会质量、生活质量、生态质量、城乡统筹质量的全面提升。具体来说，新型城镇化在质量方面要重点关注以下领域和问题：培养新的经济增长点，实现区域协调发展，注重城镇化经济质量；提高全民综合素质，保障就业和安居，提升社会保障的层次和水平，注重城镇化社会质量；加大基础设施建设，增加公共服务的投入，改善居民的“吃、穿、住、用、行”的水平，注重城镇化生活质量；走低污染、低能耗、低排放的集约型城镇化道路，注重城镇化生态质量；加强城乡相关制度的供给和衔接，注重城镇化城乡统筹质量。

在上述界定基础上，综合相关学者的研究，本书对新型城镇化内涵给出如下界定：新型城镇化是城镇化在新时期的一种表现形式，核心是人的城镇化，强调城镇化速度与质量的协调发展，在乡村人口向城镇适度转移、城镇规模适度扩张的基础上，旨在追求人口、经济、社会、资源、环境的可持续发展，进而带来人们生产、生活和居住方式的改变。

二　社会治理

20 世纪 80 年代初期，“社会治理”这一概念及其相关体系从国

外引进，并进行了中国化改造。在英文译法中，翻译成“社会治理”的主要有三个词，分别是 social administration、social management 和 social governance，但实际上三者之间有差异。其中，social administration 更多的是从公共政策（或社会政策）角度来界定，蕴含了社会治理主体制定相关政策，为社会治理客体提供服务，强调政策导向的结果性；social management 更多的是从管理功能的角度来界定，蕴含了社会治理主体从管理技术层面对客体的行为进行计划、组织、控制和提升组织绩效，强调结果的成本—产出；而 social governance 则是基于公共治理视角界定的，蕴含了政府、公民、社会组织和自治组织通过有效合作，对社会公共事务进行管理和服务的过程，更加强调多元化治理主体的合作，以及社会的自我管理。因而不难看出，social governance 更加契合“社会治理”的内涵。①

（一）社会治理内涵的界定

至于对社会治理内涵的界定，目前学界存在三种不同的研究视角，分别是公共管理视角、社会学视角和政治学视角，具体如表2－1所示。②

表2－1　　社会治理内涵界定一览

分类	理论基础	内涵界定
基于公共管理学角度	政府中心理论	社会治理（或管理）是与政治管理、经济管理相对的概念，指的是对除政治统治事务和经济管理事务外其他社会公共事务的治理（或管理）
基于社会学角度	社会—市场—关系理论	社会治理（或管理）是对政府领域的行政管理和市场领域的工商管理不管和管不到的公民社会领域的管理（或治理）
基于政治学角度	治理理论	政府和民间组织运用多种资源和手段，对社会生活、社会组织、社会事务进行规范、协调和服务的过程

① 陈振明：《政府社会管理职能的概念辨析》，《东南学术》2005 年第 4 期。
刘伟忠、张宇：《中国语境中社会管理创新的多维阐释》，《求实》2012 年第 7 期。

② 资料来源：张明军、陈朋：《社会管理研究在中国：进路与焦点》，《学术界》2012 年第 1 期。

1. 基于公共管理视角的界定

公共管理学界对社会治理的界定是基于“政府中心论”理论而来的。可以有以下几层含义：一是认为政府仍旧是社会治理（或管理）的核心主体，但从传统的政府单一主体演化成政府为核心的多元主体；二是承认单独依靠政府进行治理，是不够的甚至还会造成低效的，因而社会治理需要调动能参与的各方社会力量，各尽其责，参与对社会公共事务的管理和调控。在该理论的影响下，社会治理可解释为广义和狭义两种。其中，广义的社会治理（或管理）在内涵上形同“公共管理”，是指包括政府在内的多元主体对公共事务的管理活动；狭义的社会治理（或管理）指的是对除政治统治事务和经济管理事务外其他社会公共事务的管理与治理（马凯，2010），强调政府在社会治理中的主导地位。① 但不论是在学界还是政界，大家更倾向于狭义社会治理（或管理）概念，而且这种观点也逐渐被官方所接受。

2. 基于社会学角度的界定

社会学学界对社会治理的界定是基于“政府—社会—市场”关系理论而来。主要有以下几个层面的含义：一是认为社会也要像市场一样，逐渐从国家中分离出来，成为社会治理（或管理）的重要主体；二是崇尚“小政府、大社会”的管理（治理）理念，认为社会组织应成为社会治理（或管理）的重要主体之一，社会治理（或管理）是与行政管理、工商管理相对的概念。按照这个理论建构，社会治理（或管理）被界定为社会依据相关政策制度，以及道德层面的约束，制约和规范社会各方的行为，强调一种社会自治管理与自我管理（李屏南、叶宏，2007；周红云，2009）。② 但这种观点一经提出，便遭到很多学者的反对，认为在现有民主制度建构下，社会治理（或管理）不能仅仅只有社会自治、自我管理，否则将会带来更多的社会

① 马凯：《努力加强和创新社会管理》，《国家行政学院学报》2010 年第 10 期。

② 李屏南、叶宏：《构建促进社会和谐的社会管理机制》，《湖南师范大学学报》2007 年第 2 期。

周红云：《理解社会管理与社会管理体制：一个角度和框架》，《中共天津市委党校学报》2009 年第 3 期。

问题。

3. 基于政治学角度的界定

政治学学界对社会治理的界定则是基于“治理”理论而来的，主要有以下几个层面的含义：一是认为社会治理（或管理）的主体除了政府（国家）外，还包括各类社会组织；二是社会治理（或管理）不仅包括政府利用行政法律等强制手段进行的管制、约束和规范，而且包括政府与其他社会组织提供的公共服务以及社会的自我管理。在这个理论建构下，社会治理（或管理）被界定为政府和各类社会组织通过多种手段和资源，对社会事务进行规范、约束、管理和服务的活动（何增科，2008）。① 但也有学者批评，这个界定并没有对政府在治理中的核心地位进行限定，将社会治理（或管理）同一般的治理相混淆。

（二）社会治理的三个基本问题

上述三类界定，由于基于的研究视角不同，而对社会治理内涵的界定存在一定的差异，但都揭示了社会治理的一些共性特征。本书主要立足于从“谁来治理、治理什么、如何治理”三个基本问题的回答来界定社会治理内涵。②

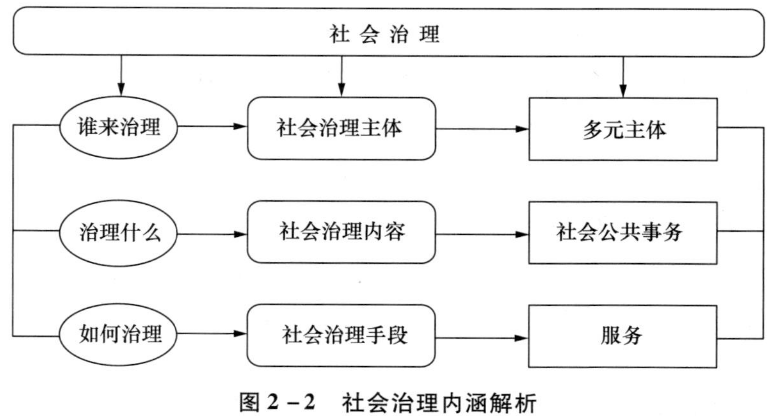

图 2－2　社会治理内涵解析

① 何增科：《社会管理与社会体制》，中国社会出版社 2008 年版，第 2—8 页。

② 汪大海：《社会管理》，中国人民大学出版社 2013 年版，第 9 页。

1. 谁来治理

这个问题是涉及社会治理主体的问题。传统的社会治理模式中，政府是唯一的主体，政府垄断性掌握权力并进行资源的配置，其结果导致了配置效率低下等政府失灵的问题。与以往社会治理模式不同的是，新时期下社会治理的主体不仅仅只有政府，还应该包括其他非政府部门的参与。只有非政府部门的广泛参与，才能从根本上激发社会活力、保障权利、改善民生，从而提高决策的合理性和科学性，实现社会福利增长的最大化，因而社会治理是由多元化主体来进行治理的。

2. 治理什么

这个问题是涉及社会治理内容的问题。首先需要指出的是，社会治理的内容不等同于国家和政府治理的全部，而是国家或政府治理中的一部分。社会治理是与政治治理、经济治理、文化治理和生态治理相对应的一个独立治理系统，其内容包括对社会生活不同领域、社会结构的各个组成部分、社会制度的各个要素、社会事业的各个方面和社会观念的形成进行组织、协调、服务、监督和控制的过程，具体来说，应包括社会保障治理、社会安全治理、公共服务治理、社会参与治理等方面的内容。

3. 如何治理

这个问题是涉及社会治理手段的问题。传统的社会治理模式，注重高压管控，试图通过暴力手段来达到维护社会稳定的目的，其结果是“以暴制暴，激发了更多暴力”。而新时期下的社会治理不能再依靠暴力手段对社会进行监督和控制，而需要通过一系列服务的改进与完善，尊重人的需求，调整社会利益关系、化解社会矛盾与冲突、维系正常社会秩序、保障人的权利、改善民生、促进社会公平正义。因而社会治理手段都需要围绕“人的服务与管理”核心而展开。

综上所述，本书对社会治理的内涵界定如下：社会治理是以政府主导，包括社会组织在内多元主体共同参与的，对社会生活不同领域、社会结构的各个组成部分、社会制度的各个要素、社会事业的各个方面和社会观念的形成进行组织、协调、服务、监督和控制的过程，其核心是“人的管理与服务”，旨在规范社会行为、协调社会关系、解决社会问题、化解社会矛盾、维护社会治安、应对社会风险。

第二节　理论基础

本书的理论基础是公共治理理论和政府绩效评估理论，其中，公共治理理论贯穿本书的始终，新型城镇化背景下社会治理的价值取向与目标的确定，指标体系构建的思路和逻辑的确定，包括指标体系的应用，以及实证结论的分析与应用，都是在此理论框架的引导下完成的；而政府绩效评估理论则是贯穿于指标体系构建与应用的全过程，尤其是对指标体系的层级设置、评价思维、分析视角的形成奠定了重要理论基础。

一　公共治理理论

公共治理理论是伴随着西方福利国家出现的管理危机和市场与等级制的调解机制发生的危机，以及公民社会的不断发育和众多社会组织迅速成长而出现的一种新型的公共管理理论。① “公共治理”这一概念的核心词——“治理”是一个多义词，在不同语境下有着不同的理解，是与“统治”既有联系又有区别的一个概念，一般来说，它是指依靠政府、社会组织以及其他治理主体之间的合作，通过面对面合作方式形成网络管理系统，并通过一定的合作价值来实现对公共事务管理的目标。② 治理理论创始人之一罗西瑙认为：“治理是一种由共同目标支持的管理活动，这些管理活动的主体未必是政府，也无须依靠国家的强制力量来实现。”③ 而在公共治理理论中，治理是政府部门与非政府部门（包括私营部门、第三部门或公民个人）等公共管理主体

---

① 丁煌：《西方行政学理论概要》，中国人民大学出版社 2011 年版，第 333 页。

② 张铭、陆道平：《西方行政管理思想史》，南开大学出版社 2008 年版，第 325—326 页。

③ ［美］詹姆斯·N. 罗西瑙：《没有政府的治理》，张胜军、刘小林译，江西人民出版社 2001 年版，第 5 页。

通过一种有效模式或环境，相互合作，分享公共权力，共同管理公共事务，旨在实现和增进公共利益，强调的是对一种合作网络的管理。至于政府部门与非政府部门在合作网络中的地位和角色，则凸显出较大的变化，治理强调政府部门的关键作用，但不是主宰作用，强调非政府部门是主动参与作用，而不是被动辅助作用。英国学者麦克格鲁也曾明确提道："治理是一种以实现和增加公共利益为目的的社会合作过程，国家（或政府）在这一过程中起到了关键作用，但不一定是支配性作用。"① 相比其他理论而言，公共治理理论强调的是一种新的社会治理方式的变革，一种新的管理过程的变迁。

公共治理理论作为一种新型的公共管理理论，是在对传统公共管理理论的批判和反思基础上的，也是对新公共服务理论和新公共管理理论中精髓有价值部分进行整合的结果，其核心观点是主张通过合作、协商形成多元合作网络，实现对公共事务的更有效的管理。具体来说，主要内容包括以下几个方面：②

1. 公共治理是由多元公共管理主体组成的公共行动体系

从发展实践来看，过去很长一段时间，对社会公共事务的管理只存在唯一主体——政府，它也是公共管理领域的唯一主体，所有的决策都是由政府作出并强制实施的。而公共治理理论则认为，政府不是社会公共事务管理的唯一主体，更不是公共管理的唯一主体。除此之外，非政府部门，即私营部门、第三部门、公共个人都应该是公共事务管理的主体，而且它们在很多时候，甚至比政府部门拥有更大的决策优势和决策权力，它们的地位不容小觑。这一观点就充分表明了公共治理绝不是政府一部门主演的独角戏，而是包括政府在内的，多元主体组成的公共行动体系，缺失相关主体的参与，或是政府的权力过于集中，都会破坏社会合作治理网络的形成，最终导致对社会公共事务管理的低效，甚至是失效。但需要说明的是，在这个多元的公共管

① ［英］托尼·麦克格鲁：《走向真正的全球治理》，家刚编译，《马克思主义与现实》2002年第1期。

② 丁煌：《西方行政学理论概要》，中国人民大学出版社2011年版，第334—336页。

理主体组成的公共行动体系中，政府往往起到了关键作用，但政府也必须大量放权，将管不好的、不该管的任务交由非政府组织来实施和完成。与此同时，公共治理理论还认为，现实中的政府部门具有复杂的结构，地方、中央和国家层面的政府及其不同部门组成了一个多层级、多中心的决策体制，众多权力中心交叠共存是这一体制的特征。因而英国学者利奇·史密斯提出："治理涉及中央政府、地方政府和其他公共权威，也涉及在公共领域内活动的准公共行动者、志愿部门、社区组织甚至是私营部门。"① 这些方面不仅影响了新型城镇化背景下社会治理的价值取向和目标的确定，而且也直接决定了本书构建的新型城镇化社会治理评价指标体系不能仅仅只关注对政府单一主体管理绩效的评估，还必须囊括对包括社会组织在内其他主体管理绩效的评估。

2. *多元公共管理主体之间存在权力依赖与互动的合作伙伴关系*

传统公共管理理论普遍认为，政府是公共管理的唯一权力和责任中心，对社会公共事务实现垄断性管理，而其他一些非政府组织或个人，都只是充当助手或下属的角色，它们必须服从领导（政府）的权威。而公共治理理论则首先否定了这一点，认为组成公共行动体系的多元主体之间是一种权利依赖的关系，即参与社会公共事务管理的不论是政府组织，还是非政府组织，它们都拥有独立解决问题的知识和资源保障，而且有些知识和资源是其他主体所不具备的。因而在面对一些单一主体难以完成的任务和工作，它们必须相互合作，相互协商，才有可能在较短时间内解决该问题，才能在解决该问题之后实现各自的目标。正是因为多元公共管理主体之间是权利依赖关系，这也决定了主体之间也是一种互动的合作伙伴关系。而且这种合作的方式，也是公共治理理论所关注的。这部分内容也在一定程度阐述了新型城镇化背景下社会治理的主体之间不是一种支配和被支配关系，而是一种平等合作关系，因而本书在具体指标体系构建过程中，是在充

---

① ［英］利奇·史密斯：《英国的地方治理》，帕尔格雷夫出版社 2001 年版，第 75 页。

分把握各个主体之间这种关系的基础上而进行的。

3. 公共治理是多元主体基于伙伴关系进行合作的自主自治的网络管理

传统公共管理理论认为，政府是公共管理的核心主体，其他主体都只是领导的下属和助手，在这种格局的主导下，传统公共管理是依靠单一的等级制来调整它们之间的相关关系。而公共治理理论则认为，多元公共管理主体之间不存在领导与助手之分，而是通过主体相互之间的权利依赖和合作伙伴关系来协商、沟通和解决，久而久之，随着相关规则的制定和完善，多元公共管理主体之间必然会逐步形成一种自主自治的网络。这种网络不仅约定了多元公共管理主体各自的角色和地位以及需承担的责任，而且还通过合作机制和方式约定了多元公共管理主体之间行动的规则和程式。因而在这种自主自治网络的框架下，各个公共管理主体都有自己依靠的知识和资源，通过沟通、协商增进理解，树立共同目标并相互信任，共同决策，并共同分担风险。这种网络化公共管理追求的不再是集权，而是强调分权，多元主体间的自主合作，追求多元化和多样性基础上的共同利益。这部分内容强调社会治理主体应平等参与社会治理，且不能忽视自主自治的参与治理特征，即自治组织和社会组织的参与管理，因而在具体指标体系构建过程中，基于其他主体参与的视角，应将“社会参与治理”纳入一级指数进行考虑，从而凸显其重要性和评估过程中的有效性。

从上述主要内容来看，公共治理理论存在以下几点鲜明特征：①

1. 强调从一元主体向多元主体的适度分权

传统公共管理理论认为，政府是唯一主体，依靠其掌握权力和权威，对所有社会公共事务，无论大小都进行管理，体现的是集权；而公共治理理论，则在承认政府是公共管理重要主体时，指出它不是唯一主体，社会组织、自治组织，包括公民个人都是治理的主体，并且政府和这些主体之间的关系不是上下级关系，也不是领导与下属或助

① 张铭、陆道平：《西方行政管理思想史》，南开大学出版社2008年版，第328—329页。

手之间关系，而是合作、协调，相互制衡和制约的关系，各自都掌握着自己的优势资源，强调的是一种多元合作共治局面，体现了适度分权原则。奥斯本和盖布勒也说："政府实现公共服务的方式不是划桨，而是掌舵，权力核心将从一元走向多元。"①

2. 强调从统治行政向服务行政的转变

实现从统治行政向服务行政的转变是行政现代化的一个重要特征。公共治理理论通过倡导多元主体的参与，提倡公众参与，对社会公共事务管理，不再仅仅考虑如何管理好被管理者，而是视公众为管理主体，更加注重为公众服务；强调由过去的重管制、轻服务，以政府为中心，到开始注重公共服务，以满足公众的需求为中心的转变。奥斯本和盖布勒曾说："现代社会，在与政府打交道过程中，人们期望着被当作顾客受到尊重，甚至受到政府的尊重。"

3. 强调互动基础上的社会参与的价值取向

公共治理理论看到了政府在社会资源配置过程中的低效和失效问题，即政府失灵，同时也看到市场在资源配置过程中的失灵，即市场失灵。在双重失灵的困境下，该理论主张政府、非政府部门、私营部门以及公民之间建立互信，通过谈判达成共识，强调多元主体的互动。与此同时，公共治理理论还倡导在互动基础上，公民应通过社会组织或自治组织积极参与社会公共管理事务的管理，建立畅通的利益表达与实现机制，从而提高决策的合理性和科学性。

总而言之，公共治理理论作为理论基础，贯穿本书研究的始终。其主要内容在很大程度上指明了新型城镇化背景下社会治理不再是政府一家独大的局面，而是包括社会组织在内多元主体共同参与的局面，而且主体之间不是支配与被支配关系，是在一种自主自治网络中平等合作的关系。在这种理论的影响下，本书新型城镇化背景下社会治理价值取向和目标的确定以及指标体系构建的思路与逻辑的形成、具体指标的筛选与优化、最终指标体系的建立、政策建议的制定都是

---

① ［美］戴维·奥斯本、特德·盖布勒：《改革政府——企业家精神如何改革着公营部门》，周敦仁译，上海译文出版社2006年版，第78页。

以该理论作为理论基础。尤其是在具体指标体系设计上，不仅仅只关注对政府主体管理绩效评估，还关注包括社会组织在内其他主体管理绩效的评估，并基于自主自治的参与治理特征，将“社会参与治理”纳入一级指数进行考虑，都是在该理论的直接影响下而作出的。

二　政府绩效评估理论

“绩效”（Performance）概念最早是用于经济领域的，主要通过可测量的、可量化的、可计算的、可比较的结果指标来衡量。随着经济社会的发展，“绩效”概念逐步扩展到其他领域。政府绩效作为绩效的一种，在西方国家也称为公共组织绩效、政府业绩、政府作为等，主要用来衡量政府部门的行为及其取得的业绩、成绩和实际效果，一般包括政府成本、工作效率、社会进步、政治稳定、发展预期等社会效益，是政府在行使其功能、实施过程中体现出的管理能力，是判定政府治理水平和运作效率的重要依据。

表 2－2　　政府绩效的维度及主要功能

维度	主要功能
经济绩效	衡量政府在推动经济、社会协调发展的宏观经济政策的能力和潜力
社会绩效	衡量社会进步、社会稳定、社会发展的程度
政治绩效	衡量政府在实际治理中制度安排与制度创新的程度
文化绩效	衡量政府在推动文化的繁荣与整合方面的贡献程度

一般来说，政府绩效是由经济绩效、社会绩效、政治绩效、文化绩效为主要内容的复合概念。具体来说，经济绩效主要用来衡量政府在推动经济可持续发展与社会协调发展的宏观经济政策的能力和潜力；社会绩效是用来衡量社会进步、社会稳定、社会发展的程度，一般用公共安全卫生、公平正义、福利与贫困、社会稳定与动乱等指标来衡量；在市场经济条件下，政治绩效核心是制度安排与制度创新，因而政治绩效主要用来衡量政府在实际治理中制度安排与制度创新的程度；文化绩效主要用来衡量政府在推动文化的繁荣与整合方面的贡献程度（见表2－2）。因而政府绩效不单纯是用来衡量政府政绩，而

是涉及政府行为或公共权力在内的一系列经济绩效、社会绩效、政治绩效和文化绩效的复合体。[①] 同样的道理，新型城镇化背景下社会治理水平的测度分析，也是包括一系列绩效在内的多种绩效考核的复合体。

绩效评估是对特定对象行为表现的价值判断，是涉及包括政府、社会组织、公民等在内的众多利益相关者的复杂性社会过程。从系统论的角度看，政府绩效评估构成要素包括评估对象、评估定位、评估指标、评估主体、绩效信息收集等。[②] 由于其评估结果更加直观、科学，在西方该理论已被广泛使用于日常实践中，其中以英国和美国最具有代表性。如美国在20世纪90年代制定了政府绩效管理制度，将私营部门的绩效评估方法选择性用于政府绩效评估中，主要做法包括绩效预算、灵活绩效框架、竞争性公共选择制度等。

至于政府绩效评估，目前国内外学术界并没有比较一致的认识，而是纷纷基于自己的学科特征给予不同的概念理解。有学者认为，"政府绩效评估是一个适用于为评价政府活动，增强为进展和结果负责的一切有系统的努力的术语"；还有学者认为，"政府绩效评估是指政府体系的产出产品在多大程度上满足社会公众的需要"。[③] 这些概念指出了绩效评估的部分特征，但并不全面。与此同时，政府绩效评估按照不同标准可划分成不同类型：根据评估机构不同，可分为外部政府绩效评估和内部政府绩效评估；根据评估目标不同，可分为管理与改进型评估、责任与控制型评估和节约开支型评估；根据评估对象的不同，可划分为个人绩效评估和组织绩效评估。[④] 综合相关观点，政府绩效评估主要具备以下鲜明特征[⑤]：

（1）强调政府绩效评估的结果导向。传统的公共行政不太注重结

---

① 胡税根：《公共部门绩效管理：迎接绩效革命的挑战》，浙江大学出版社2005年版，第283页。

② 吴建南：《公共部门绩效评估：理论与实践》，《中国科学基金》2009年第3期。

③ 胡宁生：《中国政府形象战略》，中共中央党校出版社1998年版，第1078页。

④ 胡税根、余潇枫、何文炯等：《公共危机管理通论》，浙江大学出版社2009年版，第252页。

⑤ 王健等：《政府经济管理概论》，中国人民大学出版社2007年版，第369页。

果，比较注重过程和规则，这在一定程度导致了传统公共行政“成本高、收益低”的困难局面；而政府绩效评估理论则主张通过绩效考核的方式，完善公共部门内部的管理，更加追求“较小成本，较大收益”的结果导向。

（2）强调政府绩效评估顾客至上的评估理念。传统的公共行政不仅不重视评估，更谈不上秉承顾客至上的评估理念。而政府绩效理论则主张通过绩效评估的手段来重塑政府角色，评判政府作为，而这都以顾客为中心，注重顾客满意度的标准，体现顾客至上的评估理念。

（3）强调政府绩效评估主体与对象的多元化。这包括两层含义：一是政府绩效评估主体由单一从属于政府机关的内部评估机构发展到以公民和服务对象以及独立社会评估结构共同参与的多元化主体，凸显评价结果的公正性和顾客至上的评估理念；二是强调评估对象的多元化，即在当前阶段，政府绩效评估的对象不应仅仅只局限于政府及其内部机构，而要涉及掌握了公权，行使了社会公共事务管理权限的相关社会组织、自治组织等。

总而言之，政府绩效评估理论对本书指标体系构建与应用奠定了重要理论基础。具体来说，新型城镇化背景下社会治理评价指标体系实际上就是对包括政府在内多个主体进行的绩效评估，因而政府绩效评估理论大部分内容同样适用于本书指标体系的构建与应用，尤其是该理论的“结果导向”“顾客至上”“评估主体和对象多元化”三大特征更是对本书评估的思维、理念和研究视角产生了重要影响。

第三章 新型城镇化背景下社会治理的价值取向与目标

一般来说，不论是指标层级设置，还是具体指标选取，针对复杂性对象构建的指标体系会因评价对象的价值取向不同而呈现出较大的差异性，甚至是本质性的差异，因而确定评价对象的价值取向是指标体系理论框架建构的第一步。目标则是在价值取向的直接影响下形成的，而目标的内涵及目标的实现会直接影响到评价维度的选取与设置。

具体来说，本书在深入剖析新型城镇化的核心“人的城镇化”，以及新时期下社会治理的核心“人的管理与服务”的基础上，抽象出二者的共性特征，明确新型城镇化背景下社会治理的价值取向是以人为本。在以人为本价值取向的直接影响下，立足新型城镇化与社会治理的内涵和实质，确定了新型城镇化背景下社会治理的维系秩序、保障权利和改善民生三大目标。基于新型城镇化和社会治理耦合关系的外在逻辑，以及三大目标实现的内在逻辑，确定新型城镇化背景下社会治理关注的重点领域和内容是社会保障治理、社会安全治理、公共服务治理和社会参与治理，并据此可设置指标体系的4个一级指数：社会保障治理指数、社会安全治理指数、公共服务治理指数和社会参与治理指数。而对这4个指数的测量，则是对社会保障治理水平、社会安全治理水平、公共服务治理水平和社会参与治理水平的测度，据此也能完成对社会治理水平的测量，这也构成了指标体系应用的全部内容（见图3－1）。

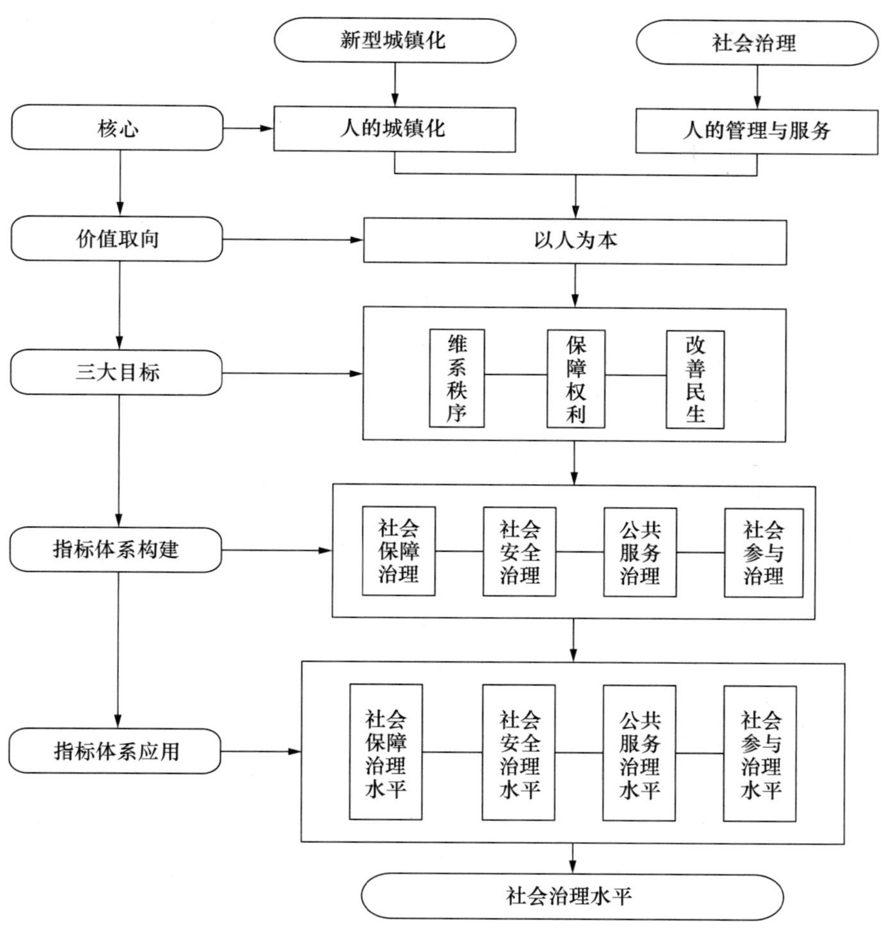

图 3－1　新型城镇化背景下社会治理价值取向与目标

第一节　新型城镇化背景下社会治理的价值取向

新型城镇化的核心是人的城镇化，而新型城镇化背景下社会治理的核心也是围绕人展开的，即实现向“人的管理与服务”转变，关心人、尊重人、解放人、发展人，注重人的权利保障。而这些与以人为本的内涵不谋而合，因而新型城镇化背景下社会治理的价值取向是以人为本。在系统论述新型城镇化背景下社会治理以人为本价值取向之前，有必要对以人为本的内涵和实质进行界定。

以人为本的哲学理念和思维方式在我国很早就提出了，很多学者和政客都对此进行了深刻的论证。但真正成为管理理念和思维方式并应用于实践中却是最近几年的事。近些年，党和国家领导人在多次重要会议上阐述了以人为本的政府管理理念和思维，以人为本已成为党和政府的执政思维和理念。以人为本是在总结社会历史发展过程中人的主体地位和目的作用而形成的一种认识世界、改造世界的理念和思维。“以人为本”概念中的核心词是人和本，二者在这一概念中有其独特的意义。也正是这种独特意义的存在，才使“以人为本”与“人本主义”“以民为本”等概念区别开来。要想更深入理解这一概念，就需对人和本的深层含义进行剖析。

至于以人为本中的人并不是日常提及的单个个体或群体，也不是孤立的、抽象的人，而是存在现实社会关系中的具体的人，是结成一定的社会关系从事具体的实践活动的人，是一个哲学和人类学概念。马克思在《1844年经济学哲学手稿》中首次明确提出人的类本质，认为“人的类特性是自由的有意识的活动”，并将人与动物区别开来。① 随后，马克思又在《关于费尔巴哈的提纲》中进一步指出：“人的本质不是单个人所固有的抽象物，在其现实性上，它是一切社会关系的总和。”②

至于以人为本中的本，则是“根本”的意思，形象指出了人在社会历史发展中的主体、本质和目的作用。按照马克思主义哲学理论，认为以人为本中的本主要有三层含义：

（1）它强调了人的主体地位和作用。这区别于传统理念中人是被动者，强调人的主观能动性和积极性的发挥，摧毁长期统治世界的

---

① 《马克思恩格斯全集》第46卷上册，人民出版社1979年版，第226页。

② 《马克思恩格斯选集》第1卷，人民出版社1995年版，第56页。

“人依赖人、人依赖物”的主导理念，强调人的独立性和主体性。

（2）它视人为一切事物的最终本质和依据。在我们国家过去的管理中，官本位影响根深蒂固，视人为管理的边缘或是被动者，缺乏人的意识、人的观念和人的维度，而实际上人是一切事物发展和消亡的本质和根据。

（3）它视人为社会发展的最终目的。与我国古代很多统治者都提出“民可载舟亦可覆舟、民惟邦本，本固邦宁”等朴素的管理理念相比，以人为本的理念在强调人的重要作用的同时，否定了“人是手段”的观念，而是强调人是社会发展的最终目的。

在界定了核心词“人”和“本”后，以人为本概念的内涵就相对较为清晰，有必要对其进行概述。具体来说，以人为本的内涵主要表现在以下三个方面：①

（1）它是一种内源性的价值倡导。具体来说，以人为本是立足于对人的主体作用和目的地位肯定的内源性价值倡导，它既强调人在社会活动中的主体地位和目的价值，又强调人在社会活动中的主体推动作用，旨在全社会实现解放人、尊重人、实现人的人性化服务方式的转变。

（2）它是一种现代化价值取向。具体来说，它立足于解放人、为了人并实现人的最终目的，强调四种层面上的价值取向：在人与自然的关系方面，强调改造自然，实现人的生活质量提升；在人与社会的关系方面，强调解放人性，尊重人、关心人，实现人的全面发展；在人与人的关系方面，强调对不同阶层、不同群体的公正对待，如对弱势群体、残疾群体的合理对待；在人与自身的关系方面，强调尊重人、塑造人，尊重人的基本权利，不断满足人的日益增长的需求。

（3）它是一种人性化服务的思维方式。思维方式是价值取向的具体体现。具体来说，它要求在分析、解决问题时，要确立人的尺度，实现人性化服务，即要尊重人的权利，注重人的需求，一切以解放人、为了人、实现人为思维方式的核心。

---

① 韩庆祥：《“以人为本”的科学内涵及其理性实践》，《河北学刊》2004 年第 5 期。

从上述三个层面出发，可以进一步将以人为本的理念和思维方式具象出以下四个方面关系的协调，即在人与自然的关系上，既要提高当代人的生活质量，又要保障下代人赖以生存的环境；在人与社会的关系上，既要实现人的全面发展，又要努力促使发展改革成果全体人民共享；在人与人的关系上，既要实现全体人民的平等、和谐发展，又要保障弱势群体的权利，需求和人格，并尊重弱势群体的能力贡献；在人与组织的关系上，既要保证各级组织，尤其是政府组织和社会组织的配置与完善，又要为个人能力的发挥提供平台、政策、制度、管理与服务（见表3－1）。①

表3－1　“以人为本”价值取向中四大关系及其协调

关系	协调的内容
人与自然的关系	既要提高当代人的生活质量，又要保障下代人赖以生存的环境
人与社会的关系	既要实现人的全面发展，又要努力促使发展改革成果全体人民共享
人与人的关系	既要实现全体人民的平等、和谐发展，又要保障弱势群体的权利，需求和人格，并尊重弱势群体的能力贡献
人与组织的关系	既要保证各级组织，尤其是政府组织和社会组织的配置与完善，又要为个人能力的发挥提供平台、政策、制度、管理与服务

很多学者指出，不同于传统城镇化，新型城镇化要实现从“物本式”城镇化向“人本式”城镇化的转变。李克强总理在多个场合更是多次强调，新型城镇化的核心是人的城镇化，明确指出新型城镇化推进的终极目的不是扩大就业、促进经济发展，而是尊重人的需求，解放人、发展人、实现人。这与以人为本的思维和理念的内涵不谋而合。同样道理，区别于传统社会治理，新型城镇化背景下社会治理的核心是人的管理与服务，强调人不再是社会治理的对象和客体，而是社会治理的主体，明确指出人在社会治理中的主体地位，尊重人的真实意愿和需求，实现由“管控”向“服务”管理手段的转变，最终

① 韩庆祥：《关于以人为本的若干重要问题》，《哲学研究》2005年第2期。

实现社会治理的“维系秩序、保障权利、改善民生”三位一体的目标。这也与以人为本的思维和理念的内涵相一致。从实践来看，新型城镇化背景下社会治理的价值取向是以人为本，既是新型城镇化背景的内在要求，又是新时期加强和创新社会治理的题中应有之义和价值标准。具体来说，新型城镇化背景下社会治理的以人为本价值取向主要体现在以下几个方面：

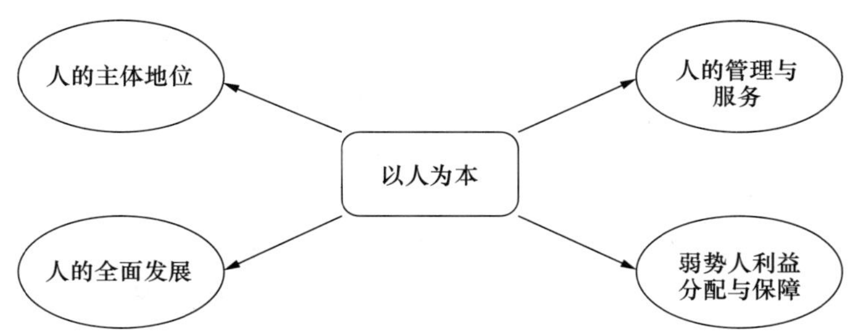

图 3－2　以人为本价值取向的内涵

一　尊重人的主体地位

传统社会治理在人的地位界定上模糊不清，更多时候是否定了人的主体地位，认为人是治理的对象和客体，社会治理的目的是控制人、将人的角色控制在预先设定好的社会位置上，更多地通过强制性手段来控制人的行为。在治理理念上，也是强调统治或管控，而忽视了服务，旨在实现暴力维稳的单一目标。实践证明，这种忽视人的主体地位的社会治理理念和方式，不仅不能实现维稳的目的，而且还会在一定程度上催生新的社会问题和社会矛盾，使社会治理陷入“维稳成本高、风险大、收效小”的窘境。而当前阶段，新型城镇化既是经济问题，也是社会问题，是一项涉及人口、土地、环境、资源等多个要素的系统性复杂工程。在城镇化推进过程中，势必会带来一些社会治理方面的问题，如失地农民的权益保障、社会保障、就业问题、城镇居民拆迁问题、农民工市民化问题等。

因而，在新型城镇化背景下社会治理既要正视新型城镇化带来的风险和挑战，又要摒弃传统社会治理的弊端，科学界定人在社会治理中的主体地位，一切从人的真实需求和正当利益出发，更加注重人的管理与服务，以解放人、发展人、实现人为社会治理的目的；努力促进有能力在城镇稳定就业和生活的常住人口有序实现市民化，推进农业转移人口市民化，充分尊重农民的自主选择权，保障农民合法权益，如土地使用权、平等受教育权、公平就业权，把农业转移人口从“融不进城市、回不去农村”的困境中解脱出来，也不让农民“被进城”“被上楼”，从而实现新型城镇化背景下的社会治理转型升级。

二　凸显人的管理与服务

传统社会治理方式有着最为突出的两大特征：一是视人为治理的对象和客体，认为社会治理的核心在于对人的管理，希望将人限定在安全、稳定的社会位置上，绝对遵从管理者的设计和安排，从而达到维稳的目的；二是采用“控制”主导的治理方式，即“社会治理唯一主体——政府通过等级隶属的行政权力和行政命令来对社会各个领域进行控制，社会治理的对象、客体，也就是‘人’被机械锁定在政府设定的社会位置上（单位内），很少或很难进行有效的社会流动和社会参与”。[①] 久而久之，在这种视人为治理的客体，并依靠强有力的行政权力和行政命令控制的方式作用下，社会矛盾和社会问题频发，使传统社会治理百弊丛生。反之，新型城镇化背景下的社会治理若是延续传统社会治理模式，不仅不能有效解决社会问题和化解社会矛盾，而且还会带来巨大的社会风险，加重社会治理难度，严重时还会危及社会的稳定与和谐发展。因而，新型城镇化背景下社会治理，要摒弃传统社会治理的弊端，视人为治理的主体，实现由“管控”向“服务”的转变，尊重公众需求，更加凸显人的管理与服务的实质，为公众提供高质量、高水平的公共服务。

三　关注弱势人利益分配与保障

弱势人指的就是弱势群体。在新时期，弱势群体主要由三部分组

---

① 吕志奎：《中国社会管理创新的战略思考》，《政治学研究》2011 年第 6 期。

成：一是生理性弱势，包括残疾人、老年人和处境困难的儿童（流浪儿童）、精神病患者等；二是自然性弱势，即自然灾害或生活脆弱造成的贫困和弱者处境；三是社会性弱势，即由于社会因素、结构性力量、信息对称等造成的社会弱者，如进城务工农民等。首先需要肯定的是弱势群体是人的重要组成的部分，新型城镇化背景下社会治理的主体地位不容动摇。但与一般意义上的人相比，在现实政治、经济和社会制度的条件下，这类人群处于不利地位，正当合法权益得不到保障、处于社会的边缘化、利益、机会表达权利的缺失等。与此同时，我国正处在社会结构深刻变动、社会矛盾最易激化的高风险社会转型期，弱势群体的利益分配不均，正常权利得不到维护，就极易加重社会风险，加大社会治理的难度。回到当前背景下，新型城镇化是一项涉及人口、土地、资源、环境等多个生产要素的系统性工程，势必会涉及利益分配和保障问题，弱势群体也不例外。相反，弱势群体的特殊地位和角色决定了对其利益进行分配和保障就显得尤为重要。那么，新型城镇化背景下社会治理要更加尊重弱势群体的真实需求和意愿，采取包括心理疏导、就业扶持、子女入学、基本生活保障等多种措施，以避免由于利益分配失衡而带来这类人群引发的社会危害和社会风险，从而促进社会稳定和社会和谐。

四 实现人的全面发展

新型城镇化背景下社会治理不论是尊重人的主体地位，凸显人的管理与服务，还是更加关注弱势人的利益分配与保障，其终极目标都将指向——实现人的全面发展。具体来说，在新型城镇化背景下，社会治理要实现人的全面发展，主要表现在以下几个方面：

一是以解放人为价值导向，尊重人的主体地位，即在新型城镇化背景下，社会治理既要追求在经济社会发展同时推进人的进一步全面发展的目标，又要追求通过人的全面发展来促进经济社会发展的目标，协调好新型城镇化、社会治理、经济社会发展三者之间的关系，协调好不同群体、不同阶层之间的利益分配与保障关系。

二是以为了人为价值导向，不断满足人的发展的基本需求，即在新型城镇化背景下，社会治理要了解不同群体、不同阶层的真实需求，在现有合法制度框架下，满足不同群体、不同阶层发展的基本需求，从而最大限度地降低新型城镇化背景下社会治理的难度和风险。

三是以发展人为价值导向，实现人的能力的全面发展，即在新型城镇化背景下，社会治理要彻底摒弃“官本位”“钱本位”的思想观念，确立能力本位的发展理念和思维方式，尊重人的能力差异，调动主体人的积极性、主动性和创造性，更好地平衡维系社会秩序与激发社会活力之间的关系。①

第二节　新型城镇化背景下社会治理的目标

一般来说，价值取向会决定指标体系设计的总体思路、原则和方向，价值取向不同往往会带来指标体系的不同，甚至是巨大的差异。而目标则是在价值取向的直接影响下形成的，是价值取向在与评价对象融合过程中形成的，会直接影响到指标体系的层级设置，具体指标的选取与筛选，以及权重的确定。新型城镇化背景下社会治理是在城镇化背景下探讨社会治理行为，其价值取向是以人为本，因而新型城镇化背景下社会治理的目标也应该是围绕人展开的。具体来说，结合新型城镇化背景下社会治理以人为本价值取向的内涵，新型城镇化背景下社会治理的目标具体表现为人的生产、生活秩序的维护、人的权利保障、人的利益实现与保障，据此分别可简化为维系秩序、保障权利和改善民生三大目标（见图 3－3）。

需要指出的是，维系秩序、保障权利和改善民生三大目标之间是相互联系、相互影响的不可分割的整体。具体而言，社会秩序是人与人之间在长期社会交往过程中形成的一种社会结构和状态，和谐稳定的社会秩序是保障人们正常生产与生活的环境与条件，维系社会秩序是社会治理的根本目的，也为保障权利和改善民生目标的实现提供了

---

① 韩庆祥：《人的全面发展理论及其当代意义》，《科学社会主义》2004 年第 1 期。

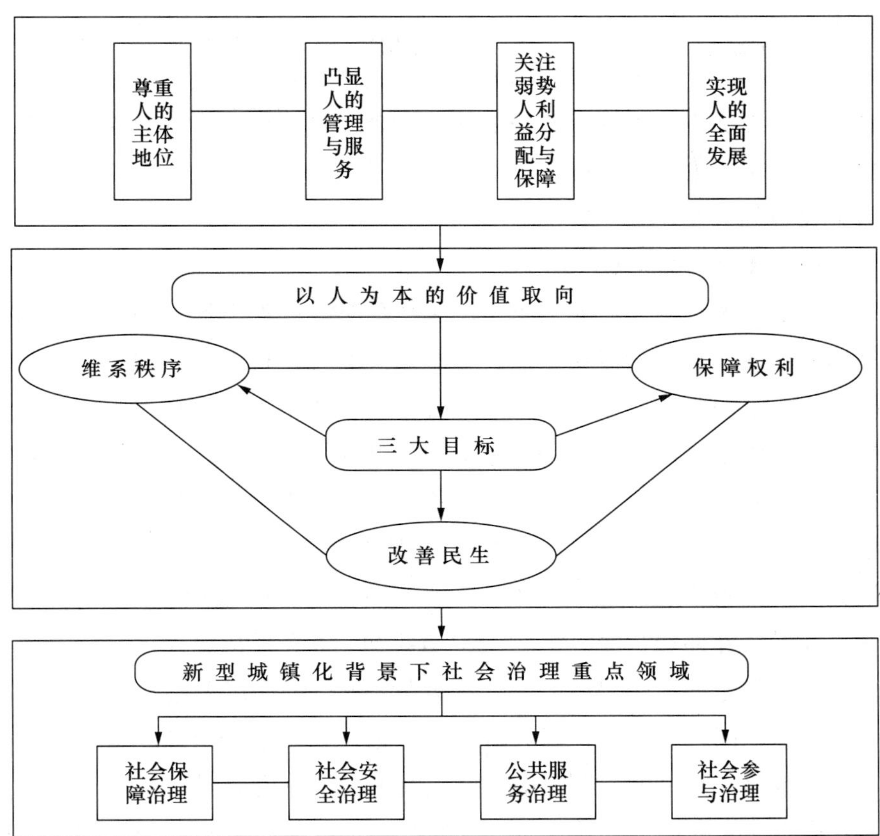

图 3－3　新型城镇化背景下社会治理价值取向与目标逻辑关系

秩序上的可能性；保障权利是保障公民基本权利，实现“权力本位”向“权利本位”的回归，对公民，尤其是对弱势群体、流动人口、农民工等权利的保障是社会治理的重点内容，也是实现秩序维系、民生改善的保障之一；“民生问题是个人安全与整体社会安全的连接点，是构建和谐社会的必要条件，也是社会矛盾多发凸显最基本的根源”（俞可平等，2007）。[①] 民生改善不仅是公民权利保障的重要方面，也

① 俞可平、李慎明、王伟光：《马克思主义视域中的和谐社会建设》，重庆出版社 2007 年版，第 67 页。

是维系正常社会秩序的重要举措，因而民生改善是社会治理的核心领域。与此同时，三者之间并不能说明谁比谁重要，而是同等重要，组合在一起成为新型城镇化背景下社会治理三位一体的目标。而在体系构建过程中，准则层的设置，以及具体指标的选取都是在此目标的导引下完成的（见图 3－3）。

一　维系秩序目标

社会秩序是指人与人之间在长期社会交往过程中形成的一种社会结构和状态，具有相对稳定性，和谐稳定的社会秩序是保障人们正常生产与生活的环境与条件。卢梭也曾提出，“社会秩序乃是为其他一切权利提供了基础的一项神圣权利”①，与自由同样具有最高的价值，二者也是西方社会治理追求的最高境界。对于维护秩序的重要性，何增科提出：“维护社会秩序是社会治理的目的，需要调节利益冲突，消除人们生存和发展的社会障碍，如歧视、排斥、隔离和差别待遇等，提供内外部安全保障”②，马凯也提出：“维系社会秩序是社会治理的根本目标”。与此同时，新型城镇化在一定程度上会给社会治理带来一定的问题和风险，因而新型城镇化背景下社会治理的根本目标是维系秩序，为人的权利保障和民生改善提供有力的保障和条件。

而当前实践中，随着改革开放的深入，体制转轨与社会转型全面推进，我国社会既处于重要战略机遇期，也处于社会矛盾凸显爆发期，传统城镇化固有的缺陷导致社会问题叠加并呈几何级数递增，社会秩序的维护面临一系列风险和挑战。具体来说，一是新型城镇化进程的推进，涉及多个阶层、群体的利益分配，社会治理的难度和风险加大，社会稳定遭受了较大的挑战，如群体性事件、暴力拆迁等问题的层出不穷。二是现有秩序维系的主要方法——管控，运用较多，在维稳的同时使社会活力遭到了破坏，社会矛盾、社会冲突、社会对抗依然存在。三是维系秩序手段较为单一，依靠暴力管控手段居多，服

---

① ［法］让·雅克·卢梭：《社会契约论》，何兆武译，商务印书馆 1982 年版，第 8—9 页。

② 何增科：《我国社会管理体制的现状分析》，《甘肃行政学院学报》2009 年第 4 期。

务意识较为淡薄，使秩序维系的成本较高、效率较低，收效甚微。因而，在新型城镇化背景下，社会治理维护秩序的目标任重道远。

在以人为本价值取向的引导下，新型城镇化背景下社会治理维系秩序的目标实现主要依赖于以下两个方面：

第一，依靠公共权力或暴力机关，通过强制性手段，对扰乱正常社会秩序的事务进行治理。新型城镇化背景下社会治理并不是否定管理、强制性手段，而是强调管理与服务的有机结合，强制手段与柔性手段相结合。只有这样，社会秩序才能朝着科学化、人性化和发展化的轨道行进。具体来说，在当前阶段，这类社会秩序的维护，主要体现在对社会治理中社会安全领域的治理，如对社会治安（刑事案件和治安案件等）、交通安全（交通事故等）、生活安全（火灾事故等）、生产安全（工伤事故等）等方面的治理，最大限度地减少各类事故对正常生产、生活秩序的冲击、扰乱和破坏，从而保持社会的和谐与稳定。因而，在新型城镇化背景下，要实现维系秩序目的，社会安全治理是社会治理不可或缺的一部分。

第二，依靠制度设计和政策安排，寓管理于服务之中，建立社会互动和行为调节机制，规范社会关系和社会行为，构建安定有序的服务型社会。要实现社会有序发展，制度设计和政策安排是必不可少的，也是实现可持续发展的要义之一。对于这方面，主要从三个层面进行制度设计和政策安排：一是构建利益协调机制，解决和制衡多元社会中的利益冲突。利普塞特曾指出，"现代社会稳定运行，不仅需要经济的快速发展，而且更需要在国家和社会之间取得冲突与一致的适当平衡"①，也就是指出了现代社会治理中解决和制衡利益冲突的重要性。构建利益协调机制主要是针对不同利益方，制定相互协商、相互监督的互动机制，必要时还得依赖法律法规作为保障，调解各种纠纷，调节社会行为，规范社会关系，也凸显了社会参与的重要性。二是鼓励公民和社会组织的有效参与，提高决策的科学性、民主性和公

---

① ［美］西摩·马丁·利普斯特：《政治人》，刘刚敏、聂荣译，商务印书馆 1993 年版，第 33—35 页。

平性。很多情况下，社会矛盾爆发主因是社会决策丧失了科学性、民主性和公平性，而引起了民怨，导致社会动荡和不稳定。公民和社会组织作为社会治理的重要主体，其有效参与不仅能提高决策的质量和水平，而且更为重要的是能在很大程度上为民众提供一个宣泄出口和权益表达平台，从根本上阻止了不稳定社会因素的形成和堆积。因而社会参与治理是社会治理关注的一个重要方面。三是构建科学合理的公共服务供给机制和制度，更加凸显服务性，提高公共服务的规模和质量，实现公平价值取向下的利益分配机制，保持公民—政府—社会的良性互动，将社会结构维持在一个稳定可控的范围内。需要强调的是，这种覆盖人群不仅涉及一般意义上的人，更要涉及特殊人群、弱势群体和流动人口的范畴，更加注重各类群体社会保障覆盖水平的公平性和完备性，从而减少不确定因素，实现社会秩序的有序循环。因而社会保障治理也是社会治理中极其重要的领域和内容。

二 保障权利目标

“作为一种社会现象，权利蕴含着价值，表现于规范而来源于社会，存在于社会，权利是所有社会成员都应该享有的作为社会成员的基本资格，是作为社会成员分享社会发展成果的资格和拥有文明生活条件的权利”。① 从人的角度来看，人是重要的社会主体，“保障人的权利就是保障社会主体作为一个独立的人的资格”，是社会对公民权利意识觉醒的积极回应，也是政府对人的人格权利的进一步承认和尊重，是维系社会秩序的必要前提。② 从政府职能来看，保障公民权利是治理型政府的重要职能，也是责任之基。公民权利保障是保障人的生存与发展，分享改革发展成果的资格和享受生活的权利，也是保障执政党的合法执政地位的内在要求，是为了人、解放人、实现人的以人为本价值取向的直接体现。反观，在现代民主社会，若公民权利保障不足或不够，势必会引起人与人之间、人与社会之间、人与国家之

① 杨建华：《社会权利：社会管理的中轴结构》，《浙江工商大学学报》2012 年第 2 期。

② 陈宏彩：《公民身份、公民社会与公共秩序》，《中共天津市委党校学报》2012 年第 1 期。

间的多重矛盾，最终会使社会陷入发展困境，止步不前，正常社会秩序维系和民生改善也就无从谈起。尤其在社会转型期，社会矛盾和社会问题频发，更要加强对公民社会权利的保障，从而最大限度缓和可能出现的社会矛盾。发展实践证明，城镇化进程在带来一系列机遇的同时，也带来一系列社会风险，如利益分化、阶层分化、城乡分化等，而这些都会使一部分人的权利受到侵害，会大大增加社会治理的难度和风险。因而，公民权利保障是新型城镇化背景下社会治理的重要目标之一，旨在实现人的全面发展，保障人在社会治理中的主体地位，从而更好地发挥人在社会治理中的主体作用。

当前阶段，对人的社会权利保障并不充分和完善，具体表现为：一是视人为社会治理的客体和对象，重管控，轻服务，人治现象非常严重，忽视人的权利保护，如平等就业权、子女受教育权等；二是社会组织发展缓慢，公民民主意识觉醒程度较低，公众的自我管理、自我服务观念淡薄，社会参与能力较弱，主动或是被动放弃相关权利，如选举权和被选举权等；三是在城镇化进程中，对失地农民社会保障权利保障不到位，使失地农民陷入“城市融不进去、农村回不去”的窘境；对农民工、流动人口以及其他弱势的权利，尤其是社会保障权保障不够，不能享受城镇居民同等权利，增加了不稳定的社会因素。

在以人为本价值取向的引导下，新型城镇化背景下社会治理的保障权利目标的实现主要依赖于以下两个方面：

（一）保障公民生存、生活的基本民生权利

民生权利是人的基本权利之一，是保障公民平等享受社会发展成果的重要表现。保障公民的基本民生权利需要从以下三个方面进行：

第一，建立保障民生权利的服务型政府。从历史发展实践来看，重视民生权利对维护和巩固统治具有非常重要的作用，保障民生权利，社会才能稳定有序地发展，否则社会阶层就会出现分化，利益冲突就会加剧，最终使社会出现动乱。因而，要以民生权利改善为政府的主要职责之一，注重改善民生问题，构建民生权利保障的服务型政府。

第二，构建强势群体参与的民生权利保障体系。所谓强势群体是指在现有社会结构体系中具有相对社会优势地位的个人或群体，主要包括精英阶层、企业家、高级管理人员等。民生权利的保障势必会涉及不同阶层利益的分配问题，而强势群体和弱势群体利益分配就是其中一个重要方面。一般来说，在利益调整中，往往会损失强势群体的部分利益。但若不调整，弱势群体和强势群体利益失衡到一定程度，会导致社会不安全因素的增加，突出的表现便是社会治安问题的恶化，也会直接威胁到强势群体利益的获得与保护。因而必须使强势群体认识到，保障民生权利既有利于经济社会的发展，也有利于自身的可持续发展，自己有义务和责任支持和关心弱势群体的民生权利，自己是民生权利保障体系中的重要参与者。

第三，着重保障弱势群体的民生权利。所谓弱势群体，是与强势群体相对的，他们中大部分人文化水平较低下，经济贫困和关系贫困，生活、生存能力不强，属于社会关系中的弱势一方，主要包括农民工、农民、贫困群体等。他们的权利得到有效保障，不仅能发挥他们对社会建设的积极作用，而且还能大大减少社会不稳定、不和谐因素；反之，则会增加社会不稳定、不和谐因素，严重时还会引起群体事件爆发和社会动乱。社会利益分配格局是根据人们对国家政策的话语权、影响力和支配力所决定的，社会利益的分配也是各个社会利益集团博弈的结果。因而要提高弱势群体在利益分配中的话语权，保障政策的制定和实施的公平性，维护和争取自身的民生权利。①

（二）保障公民的社会参与权利

一般来说，公民的社会参与权利是公民的政治权利、社会权利，参与权利的有机组合，其中公民的政治权利主要包括选举权、结社权、政治谈判权和反对权等；社会权利是维持公民社会存在的权利，主要包括保持自身发展的预防性权利、平等享用机会权利、公平的利益分配权利，以及侵权后的补偿权利，如工伤保险、战伤抚恤等；参与权利是指国家或政府为公民提供的一系列参与的权利，三者都是强

① 励慧芳：《和谐社会的理论研究与实践探索》，中共中央党校出版社 2008 年版，第 14—17 页。

调公民对社会公共事务的参与。[①] 但本书提到的社会参与权利则是侧重于公众通过社会组织、自治组织广泛参与社会公共事务决策和管理的权利。具体来说，社会参与权利的保障需要从以下方面进行设计和安排：

第一，拓宽公民社会参与的渠道，就是要增加公民对社会及其社会治理的所属感、归属感和认同感，通过听证会、座谈会等形式，积极拓宽公民参与渠道，发挥公民的智慧，激发社会治理的活力。

第二，重视社会组织、自治组织的桥梁、纽带作用，提供社会组织、自治组织参与的素质和能力，社会组织、自治组织是公众参与的重要渠道之一，社会组织、自治组织对社会公共事务的有效管理，既可以发挥其参政议政的能力，又可以提供公众的自治能力，还能对政府社会治理行为进行监督和评估。

第三，提高公民社会参与保障制度供给能力，实现群体的社会融合，即从制度层面，通过构建一系列的权利保障制度，保障公民身份和权利问题，尤其是弱势群体的权利。

三　改善民生目标

伟大的革命导师孙中山曾说："民生是人民的生活、社会的生存、国民的生计、群众的生命，以改善人民物质生活，解决人民衣、食、住、行问题，防止出现贫富严重对立为目标。"[②] 民生主要是指民众的基本生存状态、基本发展机会以及基本发展能力等。民生问题是人类生存、发展的基本问题，越来越成为学界和政界关注的热点。十七大报告提出："要在经济发展的基础上，着力保障和改善民生，完善社会治理，促进社会公平正义，推动和谐社会建设。"胡锦涛也强调："社会治理要搞好，必须加快推进和保障和改善民生为重点的社会建设"。学者俞可平也提出："民生问题是个人安全与整体社会安全的连接点，是构建和谐社会的必要条件，也是社会矛盾多发凸显最基本的

---

① 王乐夫：《公共管理（MPA）简明教程》，广西师范大学出版社2005年版，第5页。

② 顾仁华：《改善民生是落实科学发展观的必然要求》，《湖北社会主义学院学报》2007年第4期。

根源。”[①] 这些都表明，民生问题的改善，直接关系到社会秩序的维系，社会的稳定与和谐，也关系到执政党的执政水平的提高和合法地位巩固与否。新型城镇化是一项涉及多个阶层、多个群体利益分配和保障的系统性工程，因而新型城镇化背景下社会治理要把改善民生作为其根本出发点和落脚点，更加凸显改善民生目标。

改革开放后，特别是最近十年，党和国家一直很重视民生问题的改善，并取得了不错成效，人民得到较大实惠。但仍然要看到，与发达国家生活质量和水平相比，我们国家民生问题改善还存在很多不足。具体表现为：现有提供的公共服务的规模和质量还不能很好满足人民日益增长的物质文化需求；群众生活质量的改善与经济增长的失衡；城乡、地区生活质量差异过大，就业、教育、医疗、文化等基本公共服务均等化程度和层次较低；弱势群体、特殊人群、流动人口等不同群体的社会保障统筹层次较低，社会保障水平不高且处于非均等状态。

民生问题主要包括民众的生命、生计和生活三个层面的基本内容。新型城镇化背景下社会治理改善民生目标的主要体现在基本民生、底线民生和热点民生三方面的改善。[②]

第一，基本民生的改善。何为基本民生，顾名思义，是指民生问题最基本的问题和领域，与每个人的利益休戚相关的。在当前阶段，基本民生主要包括社会治安的维护和公共就业的促进两方面，其中社会治安的维护关系到每个居民人身、财产安全，社会治安维护好了，居民正常生活有序了，其他民生问题才能得到改善；群众就业程度也是衡量基本民生的一个重要方面，相关就业结构是否完备，就业培训是否充分，直接关系到群众的生活质量和幸福感的提升。

第二，底线民生的改善。底线民生是与基本民生相对的概念，与基本民生关注全体人群不同的是，底线民生主要关注的是特殊人群、

① 俞可平、李慎明、王伟光：《马克思主义视域中的和谐社会建设》，重庆出版社2007年版，第67页。

② 黄尤波：《加强社会管理，改善三大民生》，《东莞日报》2012年6月19日。

弱势群体及其家属的社会保障问题。在当前阶段，主要包括低保家庭子女就业岗位补助、再就业培训、低保家庭的补助、生活困难的妇女儿童的救助、残疾人的就业等。底线民生的改善是民生改善不可回避的领域，若改善好了，特殊人群和弱势群体能得到有效的救助和帮扶，让其成为社会劳动者中的一员，有利于改善就业，保持社会稳定；反之，若解决不好，不仅会为社会治理带来风险和问题，甚至还会影响到社会的稳定，和谐社会的构建。

第三，热点民生的改善。与其他两类民生相比，热点民生则更多地体现在公共服务和社会保障的提供方面，着力建立和完善社会保障体系和公共服务体系。新型城镇化推进会涉及部分群体利益的调整和分配，没有有效的公共服务和社会保障供给作为保障，新型城镇化背景下社会治理难度会增加，甚至还会给社会治理带来巨大的问题和风险。具体来说，就是要在财力可承受范围内，扩大公共服务的内容和领域，推进卫生医疗、公共文化、公共就业、公共教育、住房保障等基本公共服务均等化，重点解决人民群众关心的民生问题，并提供服务的质量和水平，构建覆盖城乡的统一的就业服务体系、社会保障体系、医疗卫生服务体系、住房保障体系、收入分配体系。

第四章 新型城镇化背景下社会治理评价指标体系构建原则、思路与逻辑

第一节 新型城镇化背景下社会治理评价指标体系构建原则

由于新型城镇化背景下社会治理评价指标体系涉及社会治理多个领域和方面，内容多且庞杂，在指标初选过程中，可供选择的指标非常多。因而，为了最大限度地保证指标体系的科学性、合理性，在挑选指标、构建指标体系时必须遵循一定的原则。新型城镇化背景下社会治理评价指标体系构建的原则是指在挑选指标、构建指标体系中所遵行的共性原则，旨在保证指标体系的科学性、可比性和系统性（见图 4－1）。具体来说，主要遵行以下几项原则：

一 兼顾系统性和代表性原则

由于本书研究对象——社会治理是一个涉及多个子系统的复杂性整体系统，因而在构建指标体系时，若仅仅只考虑各子系统而忽视整体系统，容易造成指标的系统性和代表性不足。具体来说，在指标体系构建过程中，不仅要挑选、设计出基本能反映各自子系统的评价指标，而且还要挑选使这些指标能组合在一起、能比较客观地反映整个系统（社会治理）的评价指标，并保证两者评价目标的一致性。因而本书在挑选指标时，既考虑到子系统相互之间的关系，又考虑到组合在一起整个大系统的逻辑关系和协调性；同时既要突出指标的涵盖面即代表性，又要充分考虑到各个评价指标的系统性，遵从兼顾代表性

和系统性的原则。

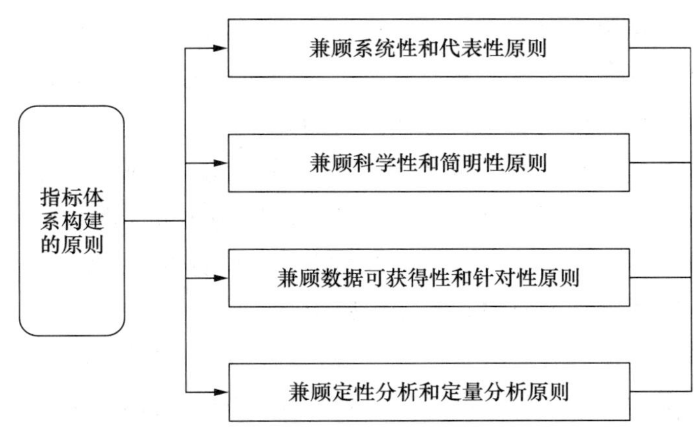

图 4－1　指标体系构建的原则

二　兼顾科学性和简明性原则

在指标体系构建过程中，普遍会面临着一个困境：指标体系的容量与代表性之间的协调。指标体系容量指的是指标体系中的指标的多少，而指标体系的容量是建立指标体系所必须遵行的一个重要原则。具体来说，如果指标体系容量过大、指标层次过多、指标过细，可能会导致评价的重点分散，评价效果不理想；倘若指标体系容量过小，指标层次过少，指标过粗，则不能充分、真实地反映评价对象的现状。本书主要评价对象是社会治理，是一个不折不扣，内涵十分丰富的大概念，倘若指标体系容量过小，指标体系的代表性就显得不足，科学性就会遭到质疑；若指标体系容量过大，则每个指标所占比重过小，会在一定程度上湮没重要信息，使评价结果失真，从而影响科学性。因而在指标体系构建过程中，必须基于评价对象的基本特征，对指标进行筛选和优化，做到科学性和简明性得当。

三　兼顾数据可获得性和针对性原则

在指标体系构建与应用上，数据的可获得性和针对性一直是两个重要原则，其中数据可获得性旨在保障指标的可量化，进而可以对评价对象进行量化比较分析；针对性则是指指标代表性和科学性的综合，旨在反映指标在体系中的作用，体现其不可或缺的地位。具体来说，在新型城镇化背景下社会治理评价指标体系构建过程中，对指标的选取和设计既要考虑到在当前阶段、当前范围是否能完整获得所有评价对象的该指标值，是否方便进行后期处理，是否能进行横向、纵向比较；又要考虑到指标的针对性，不能为了获得指标值而顾此失彼，或是刻意增删某些指标，而使指标的针对性大大弱化。因而，在建立评价指标体系时，应充分兼顾数据可获得性和针对性。

四 兼顾定性分析和定量分析原则

本书的主要研究方法是定量分析和定性分析相结合的方法，因而在指标体系构建中，这个原则也是贯彻始终的。具体来说，在新型城镇化背景下社会治理评价指标体系构建过程中，对那些客观的、具体的，可以直接度量的内容，如社会治理的投入、社会组织的规模等，以定量分析为主；而对那些主观的、模糊和抽象的，难以直接用某个或某几个指标进行衡量的内容，则坚持定性和定量分析结合的原则，即采用定性方法对该指标内涵进行分析，采用内涵一致或接近的相关、相近指标来进行代替，而后再通过一系列定量方法对该指标进行信度、效度以及鉴别力的检验。只有很好地兼顾定性和定量分析相结合原则，才能在一定程度上保证指标体系的完整性和科学性。

第二节 新型城镇化背景下社会治理评价指标体系构建思路

指标体系构建的思路主要是指在指标体系构建过程中，针对具体研究对象和研究目的，指标选取与设计、指标体系层级设置、指标权重确定的思维和方式，旨在保证指标体系构建与应用的实用性、可操作性和科学性。由于新型城镇化背景下社会治理评价指标体系是用来评估新型城镇化背景下不同区域、不同省份社会治理的水平，因而在指标体系构建思路的制定上，既要抓住“社会治理”这一评价中心，又要反映出新型城镇化背景对社会治理的影响（见图4－2）。具体来说，构建思路主要体现在以下几个方面：

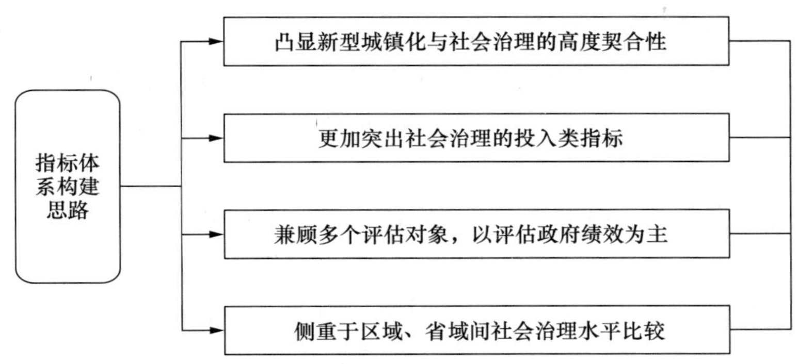

图4－2　指标体系构建思路

一　凸显新型城镇化与社会治理的高度契合性

任何指标体系的构建都需要一种战略性设想进行宏观性指导，本书指标体系构建的宏观性指导思路就是要充分凸显新型城镇化与社会治理的高度契合性。具体来说，新型城镇化背景下社会治理评价指标体系的构建，不是新型城镇化评价指标体系的构建，也不单纯是社会治理评价指标体系的构建，而是深入剖析新型城镇化与社会治理的内涵，立足于新型城镇化的核心是人的城镇化，新型城镇化背景下社会治理的核心是人的管理与服务，充分把握新型城镇化与社会治理共性特征，基于新型城镇化背景下社会治理的以人为本价值取向，在充分把握新型城镇化与社会治理高度契合规律的基础上，从新型城镇化和社会治理共同关注的重点内容和领域出发，更加关注社会治理水平的评价而构建出来的。因而新型城镇化背景下社会治理评价指标体系的构建不仅仅只是将新型城镇化作为一个背景，而是在着力凸显新型城镇化与社会治理的高度契合性的前提下，更加关注社会治理的评价问题。与此同时，这也是本书研究区别于一般意义研究的最大不同之处，也是本书的特色和创新之处所在。

二 更加突出社会治理的投入类指标

对于多层次复合指标体系而言，指标体系是由若干个具体指标构成的，而指标是在一定原则或角度的引导下选取和筛选的，因而指标选取的原则或角度的确定是指标体系构建思路之一。反之，若指标选取原则或角度不确定，指标体系中的指标层级、指标之间就易出现逻辑上的混乱，甚至是逻辑上的对立，从而会影响到指标体系的科学性和可操作性。具体来说，“新型城镇化”和“社会治理”都是内涵丰富的超级大概念，用于评价新型城镇化背景下社会治理水平的可供选择指标很多，选取角度和原则也是多样的，若不及时确定一定的选取角度和原则，则很容易造成指标体系设计得不合理。在当前背景下，由“管理”向“服务”发展理念的转型过程中，社会治理属于广义的公共服务，而对公共服务水平衡量，习惯从投入和产出角度进行衡量，本书也不例外。具体来说，在新型城镇化背景下社会治理评价指标体系的构建过程中，对具体指标的初选都是遵循从投入和产出两方面来进行衡量的，强调指标投入和产出逻辑上的一致性和协调性。但考虑到当前社会治理模式还是以政府主导的投入型治理模式，加上社会治理很多产出需要在投入很长一段时间后才能显现，在当前阶段、当前范围，并不能有效衡量。因而在指标选取方面，坚持投入和产出两个角度，但更加偏向社会治理投入类指标，尤其是社会治理人力、财力和物力三个方面的投入。

三 兼顾多个评估对象，以评估政府绩效为主

指标体系的构建与应用，首先需要确定的就是评估对象，即将要评估的对象是一个还是多个，它们之间是什么样的关系？只有清楚界定了评估对象，才能保证指标体系的信度和效度。基于前文新型城镇化和社会治理内涵界定、价值取向分析，不难发现，新型城镇化背景下社会治理应实现从政府单一治理主体向多元主体的转变，宏观意义上社会治理的主体应该公民、国家和社会三类。而在现实中公民主要通过社会组织和自治组织参与社会治理当中来，因而社会治理的主体可确切为政府、社会组织和自治组织三类，本书的评估对象即为上述三类。但从实际来看，由于社会组织和自治组织发育并不成熟，新型

城镇化背景下社会治理仍是政府主导型的社会治理，政府还是扮演着更为重要的角色，相关统计资料也是遵循政府这一核心主体而展开的。因而在指标体系构建中，既要把握社会治理多元主体的特征，兼顾政府、社会组织和自治组织多个评估对象，又要遵循政府主导型社会治理的客观规律，以评估政府主体的绩效为主。只有这样，才能做到社会治理实践发展规律和特征相吻合，进而保证指标体系的科学性和合理性。

四　侧重于区域、省份间社会治理水平比较

在指标体系的研究中，指标体系的应用也即实证分析会在很大程度上影响指标体系的构建，只有指标体系的构建与应用具备较强的一致性和协调性，才能保证评价结果的科学性和应用性。本书对新型城镇化背景下社会治理水平评价过程中，选取的样本是全国三大区域（东部、中部和西部）和内地30个省（市、自治区），以省份为单位进行比较，侧重的是不同区域间、省份间社会治理水平的比较。从实践回归到理论，因而在这一评价目标的导向下，新型城镇化背景下社会治理评价指标体系也应侧重于区域、省份间社会治理水平的比较，在指标的选取、指标体系层级设计上更加注重横向、纵向两个维度的不同区域、省份间的对比，凸显指标体系的比较性特征。

第三节　新型城镇化背景下社会治理评价指标体系构建逻辑

所谓指标体系构建逻辑，指的是指标体系构建的思维规律、理论依据和现实机理。新型城镇化背景下社会治理评价指标体系构建的中心词是“社会治理”，社会治理是主要评估对象；但新型城镇化作为背景，并不仅仅将其作为一个宏观前提，而是在深入把握新型城镇化与社会治理内涵及其耦合关系的基础上，有机将两者融合，找出共性特征并进行指标体系的构建，因而指标体系的构建也必然会涉及新型

城镇化和社会治理之间关系的厘清。在此基础上，本书认为，新型城镇化背景下社会治理评价指标体系构建的逻辑主要体现在两个层面上：一是外在逻辑，即立足于新型城镇化与社会治理的系统性和整体性，基于新型城镇化与社会治理耦合关系，这是指标体系构建的前提，也只有证明二者之间存在某种耦合关系，才能将二者结合起来，并探讨具体指标体系的构建。二是内在逻辑，即在外在逻辑成立的前提下，立足于社会治理作为主要评估对象的地位，基于新型城镇化背景下社会治理三大目标的实现，深入解析三大目标的内涵和要求，探讨新型城镇化背景下社会治理三大目标实现所依赖的社会治理中必不可少的重要内容和方面，从而为指标体系的一级指数设立、具体指标的选取奠定基础。

一　外在逻辑：基于新型城镇化与社会治理耦合关系

"耦合"一词最初主要用于通信工程、机械工程、软件工程等领域，意指两个或两个以上的实体相互依赖、相互作用于对方的一个量度。现已广泛用于社会科学领域，指事物之间相互联系、相互影响、相互作用的关系，侧重于二者的共同区域的分析和识别。新型城镇化与社会治理看似是两个不相干的大概念，但仔细分析就不难发现，二者之间不论是价值取向、发展特征，还是重点内容和领域都存在本质上的契合性，具有明显的共同区域。尤其在当前阶段，新型城镇化进程加速，社会治理转型升级，二者之间关系更为紧密，存在一定的耦合关系。新型城镇化与社会治理的耦合关系也是本书指标体系构建的外在逻辑，并从学理上论证了指标体系构建与应用的可能性。具体来说，二者之间的耦合关系主要体现为以下两个方面：

（一）价值层面的耦合：价值取向都是以人为本

与传统城镇化相比，新型城镇化的核心是人的城镇化，强调在城镇化进程中，更加注重人的需求，尊重人的真实意愿，视人为管理的主体，凸显人的管理与服务，这与以人为本的价值取向内涵基本一致，也表明了新型城镇化的价值取向是以人为本。另外，与传统社会治理模式相比，新型城镇化背景下社会治理的核心是人的管理与服务，也强调在社会治理过程中，要尊重公众的真实意愿和需求，视人为管理的主体，解决传统城镇化带来一系列社会矛盾和社会问题，及时化解新型城镇化可能带来社会治理风险，强调人的利益维护（民生改善）、人的权利保障（权利保障）和人的生存环境保障（秩序维系）三位一体的目标实现，这也是以人为本的价值取向的具体体现，因而新型城镇化背景下社会治理的价值取向也是以人为本。不难看出，新型城镇化与其背景下的社会治理有着共同的价值取向——以人为本，视人为管理主体，更加尊重人的真实意愿和需求，着力凸显了“人的管理与服务”的价值内核。

与此同时，价值层面的耦合性，还体现在价值理念内生性的耦合，即二者之间的价值互动关系。具体来说，在以人为本价值取向的引导下，新型城镇化与社会治理之间互为动力，即以“人的城镇化”为核心的新型城镇化会在一定程度上催生以“人的管理与服务”为核心的社会治理的加强与创新，而以“人的管理与服务”为核心的社会治理又会反过来推动以“人的城镇化”为核心的新型城镇化进程的加速。

（二）工具层面的耦合：都是多种社会要素协调的系统性工程

与传统城镇化相比，新型城镇化不仅仅只涉及土地、人口等社会要素协调过程，而是涉及经济、社会、人口、土地、生态、资源、环境等多个社会要素协调的系统性工程，不仅要关注各个要素的可持续发展，而且还要关注各种社会要素之间的动态协调与匹配。同理，与传统社会治理模式相比，新型城镇化背景下社会治理突破了“社会维稳”的单一目标，而是要实现“维系秩序、保障权利、改善民生”三位一体目标。在多元目标的引导下，新型城镇化背景下社会治理自然也是一项涉及经济、社会、人口、资源、环境、生态多个社会要素协调发展的系统性工程。诚然二者之间肯定会存在这样或那样的差别，但二者均是立足于“人的管理与服务”价值取向，涉及人口、经济、社会、资源、环境等多种社会要素的协调，具有工具层面的复杂性特征，是一项复杂的系统性工程。这一特征决定了新型城镇化和社会治理的长期性和艰巨性。

同理，二者之间工具层面的耦合关系，不仅仅体现在表象上，还体现在二者内在的耦合上，即互相促进、互为目标的关系。具体来说，新型城镇化复杂系统工程在解决传统城镇化带来问题的同时，也会带来一定的社会问题和社会风险，而解决社会问题、化解社会风险，离不开社会治理的支持和配合，因而新型城镇化背景下社会治理越完善，新型城镇化面临的问题和风险就越小；而在新型城镇化背景下，社会治理也会面临着一系列由城镇化引起的社会问题，如农民市民化、基本公共服务均等化、土地流转及社会保障等方面的问题，而这也是社会治理的重要内容和领域，因而，新型城镇化进程越是深入，不仅不会给社会治理增加风险，加大难度，而且还会化解相关社会矛盾和社会问题，降低社会治理的成本和风险。

二　内在逻辑：基于新型城镇化背景下社会治理三大目标的实现

指标体系层级设置指的是指标体系中评价目标、一级指标、具体指标的分配及设计。指标体系层级设置既是指标体系构建的第一步，也在很大程度上决定了指标体系的逻辑结构是否合理，评价结果是否可信。而具体指标也是在指标体系层级确定后，才能进行选取。因而在指标体系构建，尤其是在系统性复合指标体系构建过程中，指标体系层级设置就显得尤为关键。新型城镇化背景下社会治理涵盖的内容十分广泛而庞杂，若不按照一定的标准或逻辑进行指标体系层级设置，就会很容易造成评价结果的失真。

上文系统阐述了新型城镇化背景下社会治理的三大目标（维系秩序、保障权利和改善民生）的内涵及实质。通过深入解析这三大目标的内涵，基于目标实现的视角，不仅可以推断出新型城镇化背景下社会治理关注的重要领域和内容，而且还可以明确指标体系的层级设置，二者具有评价目标和对象目标的一致性和契合性。因而，本书对指标体系层级设置则主要是依据新型城镇化背景下社会治理三大目标展开的，是指标体系构建的内在逻辑。

（一）维系秩序目标的实现离不开社会安全治理、公共服务治理和社会保障治理三个重点领域

在新型城镇化背景下，维系秩序需要从两个方面进行：一是对扰乱社会秩序的非正常社会事务的治理，如对刑事犯罪、社会治安、火

灾事故、交通事故等的治理，而这与社会治理中的社会安全治理，以及部分公共服务治理的重点内容和领域一致。二是对有可能影响到社会秩序正常运转，或是有可能对社会秩序维系增加风险和不确定因素的特殊人群、弱势群体进行治理，这就涉及社会保障中对特殊人群、弱势群体的保障治理，以及部分公共服务治理。因而，在新型城镇化背景下，社会治理的维系秩序目标的实现离不开社会安全治理、公共服务治理和社会保障治理三个重点领域。

（二）保障权利目标的实现离不开公共服务治理、社会保障治理和社会参与治理三个重点领域

在新型城镇化背景下，保障权利主要体现在两个方面：一是对广大民众生存、生活等基本民生权利的保障，从而让群众能安居乐业，共享改革发展的成果，这主要体现在公共服务治理、社会保障治理方面；二是对广大民众的政治权利、民主权利的保障，保障民众的知情权、参与权、话语权和决策权，从而提高决策的科学性和民主性，这主要体现在社会参与治理方面，这也是区别于传统社会治理的重要方面之一。因而，在新型城镇化背景下社会治理的保障权利目标的实现离不开公共服务治理、社会保障治理和社会参与治理三个重要领域。

（三）改善民生目标的实现离不开公共服务治理和社会保障治理两个核心领域

在新型城镇化背景下，改善民生主要表现在两个方面：一是尊重公众的真实意愿和需求，对广大民众的生活、生产的环境和条件进行改善和完善，为民众提供更多范畴的、更高质量的公共服务，从而满足民众的生活、生产需求，提升公众生活的层次和满足感，进一步提高居民的幸福感，这主要表现为公共服务治理方面；二是专门针对劳动人口和特殊人口的生活、生产的环境和条件的改善，对劳动人口的生活、生产环境和条件的改善能更好地发挥劳动者的创造力和工作的积极性，为社会创造财富，对特殊人口，如残疾人、农民工、退伍军人的生产、生活环境和条件的改善，能在很大程度减少社会不稳定因素，实现社会稳定有序的发展，而这主要是通过社会保障治理来实现的。因而，在新型城镇化背景下，社会治理的改善民生目标的实现离

不开公共服务治理和社会保障治理两个核心领域。

综上所述，基于上述的外在逻辑和内在逻辑，可进一步概括出新型城镇化背景下社会治理重点关注的领域主要是社会保障治理、社会安全治理、公共服务治理和社会参与治理四个方面。据此指标体系的一级指数可设置为社会保障治理指数、社会安全治理指数、公共服务治理指数和社会参与治理指数，具体指标的选取与筛选则是围绕这四大指数展开的。

第五章　新型城镇化背景下社会治理评价指标体系构建

第一节　新型城镇化背景下社会治理评价指标体系设计

上文分析显示，基于新型城镇化背景下社会治理的价值取向与目标，以及指标体系构建的原则、思路与逻辑，新型城镇化背景下社会治理评价指标体系可设置四个一级指数，分别是社会保障治理指数、社会安全治理指数、公共服务治理指数和社会参与治理指数。而具体指标的选取则是围绕这四个一级指数展开的。

一　社会保障治理指数

社会保障是“国家或社会依法建立、具有经济福利性的、社会化的国民生活保障系统，发挥着稳定、调节、促进、互助等多重功能”。[①] 在新型城镇化背景下，社会保障治理不仅是社会治理的一个重要方面，而且还会在很大程度上及时化解城镇化带来的社会风险，消除一些社会问题，维系正常的社会秩序。从社会保障的主要内容出发，我国社会保障治理主要包括社会保险治理、社会福利治理、社会救济治理和社会优抚治理四个方面。社会保障治理指数则是衡量社会保障治理水平的量化指标，治理水平的高低主要取决于社会保险、社会救济、社会福利和社会优抚四个方面的治理水平。

---

① 郑成功：《社会保障》，高等教育出版社 2007 年版，第 5—19 页。

（一）社会保险治理指数

社会保险是社会保障的核心部分，其主要包括养老保险、医疗保险、工伤保险、失业保险和生育保险。社会保险治理指数则是衡量社会保险管理水平的量化指标。衡量社会保险治理水平主要从财政经费投入（投入类）和社会保险综合覆盖率（产出类）两大方面进行衡量。投入类指标主要由人均社会保险投入（X_{101}）、社会保险总投入占 GDP 比重（X_{102}）两个二级指标构成；产出类指标主要由养老保险综合覆盖率（X_{103}）、医疗保险综合覆盖率（X_{104}）、失业保险综合覆盖率（X_{105}）、工伤保险综合覆盖率（X_{106}）、生育保险综合覆盖率（X_{107}）和社会保险治理综合满意度（X_{108}）6 个二级指标构成。

（二）社会救济治理指数

社会救济主要包括贫困救济、灾害救济和对其他社会弱势群体的救济。社会救济治理指数则是衡量社会救济治理水平的量化指标。衡量社会救济治理水平投入类指标主要由人均社会救济投入（X_{109}）、万人社会救济机构数（X_{110}）和万人社会救济机构职工数（X_{111}）3 个指标组成；产出类指标主要由社会救济综合覆盖率（X_{112}）、灾害救济率（X_{113}）、贫困救济率（X_{114}）和社会救济治理综合满意度（X_{115}）4 个指标组成。

（三）社会福利治理指数

社会福利是国家和社会为了满足社会公众的生活需要采取的一系列措施。社会福利治理指数则是衡量社会福利治理水平的量化指标。衡量社会福利治理水平投入类指标主要由人均社会福利投入（X_{116}）、万人社会福利机构数（X_{117}）和万人社会福利机构职工数（X_{118}）3 个二级指标组成；产出类指标主要由社会福利综合覆盖率（X_{119}）和社会福利治理综合满意度（X_{120}）两个二级指标组成。

（四）社会优抚治理指数

社会优抚是国家和社会对军人及其家属提供的各种优待、抚恤服务。[①] 社会优抚治理指数则是衡量社会优抚治理水平的量化指标。衡

---

① 王新民、南锐：《基本公共服务均等化水平评价体系构建及应用》，《软科学》2011 年第 7 期。

量社会优抚治理水平投入类指标主要由人均社会优抚投入（X_{121}）、万人社会优抚机构数（X_{122}）和万人社会优抚机构职工数（X_{123}）3个指标组成；产出类指标主要由社会优抚综合覆盖率（X_{124}）和社会优抚治理综合满意度（X_{125}）两个指标组成。

详细指标列表见表5-1。

表5-1　　　　社会保障治理指数一览

评价目标	选取维度	具体指标	单位	属性
社会保障治理指数	社会保险治理指数	人均社会保险投入（X_{101}）	元	投入类，正向指标
		社会保险总投入占GDP比重（X_{102}）	%	
		养老保险综合覆盖率（X_{103}）	%	产出类，正向指标
		医疗保险综合覆盖率（X_{104}）	%	
		失业保险综合覆盖率（X_{105}）	%	
		工伤保险综合覆盖率（X_{106}）	%	
		生育保险综合覆盖率（X_{107}）	%	
		社会保险治理综合满意度（X_{108}）	定性指标	
	社会救济治理指数	人均社会救济投入（X_{109}）	元	投入类，正向指标
		万人社会救济机构数（X_{110}）	个	
		万人社会救济机构职工数（X_{111}）	人	
		社会救济综合覆盖率（X_{112}）	%	产出类，正向指标
		灾害救济率（X_{113}）	%	
		贫困救济率（X_{114}）	%	
		社会救济治理综合满意度（X_{115}）	定性指标	
	社会福利治理指数	人均社会福利投入（X_{116}）	元	投入类，正向指标
		万人社会福利机构数（X_{117}）	个	
		万人社会福利机构职工数（X_{118}）	人	
		社会福利综合覆盖率（X_{119}）	%	产出类，正向指标
		社会福利治理综合满意度（X_{120}）	定性指标	
	社会优抚治理指数	人均社会优抚投入（X_{121}）	元	投入类，正向指标
		万人社会优抚机构数（X_{122}）	个	
		万人社会优抚机构职工数（X_{123}）	人	
		社会优抚综合覆盖率（X_{124}）	%	产出类，正向指标
		社会优抚治理综合满意度（X_{125}）	定性指标	

二　社会安全治理指数

社会安全，也称为公共安全，是指公众的正常生活不受到外在威胁而处于可控制的状态，是人类生存的基本条件，也是衡量社会治理水平的一个重要方面。社会安全治理指数则是一个合成指数，表示社会安全的状态，具体是指衡量社会安全治理的四个主要方面（社会治安、交通安全、生活安全和生产安全）的总体变化情况，是社会安全治理水平的具体量化指标。在新型城镇化背景下，社会安全治理仍旧是社会治理的一个重要领域，而且城镇化和社会治理的复杂性特征也决定了社会安全治理在社会治理中的重要地位。社会安全治理指数的高低主要取决于社会治安、交通安全、生活安全和生产安全四个方面的治理水平。

（一）社会治安治理指数

社会治安是社会安全的本质方面之一，其好坏在很大程度上决定了社会安全的好坏程度。社会治安治理指数则是衡量社会治安治理水平的量化指标。衡量社会治安治理水平投入类指标主要由人均社会治安治理投入（X_{201}）、万人社会治安管理机构数（X_{202}）和万人社会治安治理机构职工数（X_{203}）3 个指标组成；产出类指标主要由万人刑事犯罪率（X_{204}）、万人刑事案件审结数（X_{205}）、万人治安案件发案率（X_{206}）和社会治安治理综合满意度（X_{207}）4 个指标组成。

（二）交通安全治理指数

随着经济社会发展，车辆保有量持续增加，交通安全就成为衡量社会安全的一个重要方面。交通安全治理指数则是衡量交通安全管理水平的量化指标。衡量交通安全治理水平投入类指标主要由人均交通安全治理投入（X_{208}）、万人交通安全治理机构数（X_{209}）和万人交通安全治理机构职工数（X_{210}）3 个指标组成；产出类指标主要由交通事故发案率（X_{211}）、交通事故死亡率（X_{212}）、万人交通事故数（X_{213}）和交通安全治理综合满意度（X_{214}）4 个指标组成。

（三）生活安全治理指数

生活安全涉及的范围和内容较广，国际上一般习惯用火灾事故来衡量其水平。生活安全治理指数则是衡量生活安全治理水平的量化指

表 5－2　　　　社会安全治理指数一览

<table>
<tr><th>评价目标</th><th>选取维度</th><th>具体指标</th><th>单位</th><th>属性</th></tr>
<tr><td rowspan="28">社会安全治理指数</td><td rowspan="7">社会治安治理指数</td><td>人均社会治安治理投入（X_{201}）</td><td>元</td><td rowspan="3">投入类，正向指标</td></tr>
<tr><td>万人社会治安治理机构数（X_{202}）</td><td>个</td></tr>
<tr><td>万人社会治安治理机构职工数（X_{203}）</td><td>人</td></tr>
<tr><td>万人刑事犯罪率（X_{204}）</td><td>件</td><td rowspan="3">产出类，正向指标</td></tr>
<tr><td>万人刑事案件审结数（X_{205}）</td><td>%</td></tr>
<tr><td>万人治安案件发案率（X_{206}）</td><td>%</td></tr>
<tr><td>社会治安治理综合满意度（X_{207}）</td><td colspan="2">定性指标</td></tr>
<tr><td rowspan="7">交通安全治理指数</td><td>人均交通安全治理投入（X_{208}）</td><td>元</td><td rowspan="3">投入类，正向指标</td></tr>
<tr><td>万人交通安全治理机构数（X_{209}）</td><td>个</td></tr>
<tr><td>万人交通安全治理机构职工数（X_{210}）</td><td>人</td></tr>
<tr><td>交通事故发案率（X_{211}）</td><td>%</td><td rowspan="3">产出类，逆向指标</td></tr>
<tr><td>交通事故死亡率（X_{212}）</td><td>%</td></tr>
<tr><td>万人交通事故数（X_{213}）</td><td>件</td></tr>
<tr><td>交通安全治理综合满意度（X_{214}）</td><td colspan="2">定性指标</td></tr>
<tr><td rowspan="7">生活安全治理指数</td><td>人均生活安全治理投入（X_{215}）</td><td>元</td><td rowspan="3">投入类，正向指标</td></tr>
<tr><td>万人生活安全治理机构数（X_{216}）</td><td>个</td></tr>
<tr><td>万人生活安全治理机构职工数（X_{217}）</td><td>人</td></tr>
<tr><td>火灾事故发生率（X_{218}）</td><td>%</td><td rowspan="3">产出类，逆向指标</td></tr>
<tr><td>火灾事故死亡率（X_{219}）</td><td>%</td></tr>
<tr><td>万人火灾事故数（X_{220}）</td><td>件</td></tr>
<tr><td>生活安全治理综合满意度（X_{221}）</td><td colspan="2">定性指标</td></tr>
<tr><td rowspan="7">生产安全治理指数</td><td>人均生产安全治理投入（X_{222}）</td><td>元</td><td rowspan="3">投入类，正向指标</td></tr>
<tr><td>万人生产安全治理机构数（X_{223}）</td><td>个</td></tr>
<tr><td>万人生产安全治理机构职工数（X_{224}）</td><td>人</td></tr>
<tr><td>工伤事故发生率（X_{225}）</td><td>%</td><td rowspan="3">产出类，逆向指标</td></tr>
<tr><td>工伤事故死亡率（X_{226}）</td><td>%</td></tr>
<tr><td>万人工伤事故数（X_{227}）</td><td>件</td></tr>
<tr><td>生产安全治理综合满意度（X_{228}）</td><td colspan="2">定性指标</td></tr>
</table>

标。衡量生活安全治理水平投入类指标主要由人均生活安全治理投入（X_{215}）、万人生活安全治理机构数（X_{216}）和万人生活安全治理机构

职工数（X_{217}）3 个指标组成；产出类指标主要由火灾事故发生率（X_{218}）、火灾事故死亡率（X_{219}）、万人火灾事故数（X_{220}）和生活安全治理综合满意度（X_{221}）4 个指标组成。

（四）生产安全治理指数

生产安全是与生活安全相对的一个概念，国际上一般习惯用工伤事故来衡量其水平。生产安全治理指数则是衡量生产安全治理水平的量化指标。衡量生产安全治理水平投入类指标主要由人均生产安全治理投入（X_{222}）、万人生产安全治理机构数（X_{223}）和万人生产安全治理机构职工数（X_{224}）3 个指标组成；产出类指标主要由工伤事故发生率（X_{225}）、工伤事故死亡率（X_{226}）、万人工伤事故数（X_{227}）和生产安全治理综合满意度（X_{228}）4 个指标组成。

三 公共服务治理指数

公共服务供给的规模和质量是衡量社会治理水平的重要方面。在新型城镇化背景下，公共服务治理不仅是社会治理的一个重要方面，而且也是沟通新型城镇化与社会治理之间关系的重要桥梁。由于公共服务的范畴较广，本书在衡量公共服务治理水平时，选取了公共教育、公共医疗卫生、公共文化和公共就业四个最基本、最重要的公共服务。公共服务治理指数则是衡量公共服务治理水平的量化指标，管理水平高低主要取决于公共教育、公共医疗卫生、公共文化和公共就业四个方面的治理水平。

（一）公共教育治理指数

百年大计，教育为本。公共教育一直是基本公共服务的重要组成部分。公共教育治理指数则是衡量公共教育治理水平的量化指标。衡量公共教育治理水平的投入类指标主要由人均公共教育投入（X_{301}）、万名学生学校数（X_{302}）、万名学生专任教师数（X_{303}）、生均教育消费支出（X_{304}）和生均校舍面积（X_{305}）5 个指标组成；产出类指标主要由适龄儿童入学率（X_{306}）、初中升学率（X_{307}）、高中升学率（X_{308}）和公共教育治理综合满意度（X_{309}）4 个指标组成。

（二）公共医疗卫生治理指数

现代社会，公共医疗卫生是衡量公共服务供给质量的一个重要方面。公共医疗卫生治理指数则是衡量公共医疗卫生治理水平的量化指标。衡量公共医疗卫生治理水平投入类指标主要由人均公共医疗卫生投入（X_{310}）、万人公共医疗卫生机构数（X_{311}）、万人卫生技术人员数（X_{312}）和万人公共医疗卫生机构床位数（X_{313}）4 个指标组成；产出类指标主要由病床使用率（X_{314}）、疾病治愈率（X_{315}）和公共医疗卫生治理综合满意度（X_{316}）3 个指标组成。

（三）公共文化治理指数

公共文化是文化的重要组成部分，是政府主导的满足广大人民群众文化需求的基本公共服务之一。公共文化治理指数则是衡量公共文化治理水平的量化指标。衡量公共文化治理水平投入类指标主要由人均公共文化投入（X_{317}）、万人公共文化机构数（X_{318}）、万人公共文化机构从业人员数（X_{319}）和人均公共图书馆藏书量（X_{320}）4 个指标组成；产出类指标主要由广播电视节目综合人口覆盖率（X_{321}）和公共文化治理综合满意度（X_{322}）两个指标组成。

（四）公共就业治理指数

公共就业治理，也称为公共就业服务，是政府或相关社会组织，通过相关机构，帮助劳动者获得就业岗位和提升他们就业能力，以及帮助用人单位寻找到合适劳动者的所有管理性工作的总称。公共就业管理指数则是衡量公共就业治理水平的量化指标。衡量公共就业治理水平投入类指标主要由人均公共就业投入（X_{323}）、万人公共就业机构数（X_{324}）和万人公共就业机构职工数（X_{325}）3 个指标组成；产出类指标主要由失业率（X_{326}）、在岗职工平均工资（X_{327}）和公共就业治理综合满意度（X_{328}）3 个指标组成。

四　社会参与治理指数

社会参与是指公众通过一定的渠道对公共事务表达意见，并且对公共事务的决策和治理产生影响①，是社会治理的内在要求和题中应有之义，也是多元社会治理格局的直接体现。现阶段，社会参与主要

① 冯桂林：《公众参与建构中国特色社会主义社会管理体制的又一基石》，《湖北社会科学》2013 年第 1 期。

表 5－3 公共服务治理指数一览

评价目标	选取维度	具体指标	单位	属性
公共服务治理指数	公共教育治理指数	人均公共教育投入（X_{301}）	元	投入类，正向指标
		万名学生学校数（X_{302}）	个	
		万名学生专任教师数（X_{303}）	人	
		生均教育消费支出（X_{304}）	元	
		生均校舍面积（X_{305}）	平方米	
		适龄儿童入学率（X_{306}）	%	产出类，正向指标
		初中升学率（X_{307}）	%	
		高中升学率（X_{308}）	%	
		公共教育治理综合满意度（X_{309}）	定性指标	
	公共医疗卫生治理指数	人均公共医疗卫生投入（X_{310}）	元	投入类，正向指标
		万人公共医疗卫生机构数（X_{311}）	个	
		万人卫生技术人员数（X_{312}）	人	
		万人公共医疗卫生机构床位数（X_{313}）	张	
		病床使用率（X_{314}）	%	产出类，正向指标
		疾病治愈率（X_{315}）	%	
		公共医疗卫生治理综合满意度（X_{316}）	定性指标	
	公共文化治理指数	人均公共文化投入（X_{317}）	元	投入类，正向指标
		万人公共文化机构数（X_{318}）	个	
		万人公共文化机构从业人员数（X_{319}）	人	
		人均公共图书馆藏书量（X_{320}）	元	
		广播电视节目综合人口覆盖率（X_{321}）	%	产出类，正向指标
		公共文化治理综合满意度（X_{322}）	定性指标	
	公共就业治理指数	人均公共就业投入（X_{323}）	元	投入类，正向指标
		万人公共就业机构数（X_{324}）	个	
		万人公共就业机构职工数（X_{325}）	人	产出类，正向指标
		失业率（X_{326}）	%	
		在岗职工平均工资（X_{327}）	元	产出类，正向指标
		公共就业治理综合满意度（X_{328}）	定性指标	

是指公民、社会组织、自治组织等参与社会治理并提供社会服务，而现阶段我国公众主要是通过自治组织和社会组织参与社会治理的。在新型城镇化背景下，社会参与治理水平不仅是社会治理水平的一个重要指标，而且也是区别于其他背景下传统社会治理的本质所在。社会参与治理指数是衡量社会参与治理水平的量化指标，治理水平高低主要从自治组织和社会组织参与治理水平两个方面进行。

（一）社会组织参与治理指数

社会组织是政府和公众之间沟通的桥梁，是公众参与社会治理重要渠道之一，其参与程度是衡量社会治理水平的重要方面。社会组织参与治理指数则是衡量社会组织参与治理水平的量化指标。衡量社会组织参与治理水平投入类指标主要由人均社会组织投入（X_{401}）、万人社会组织数（X_{402}）和万人社会组织职工数（X_{403}）3个指标组成，产出类指标主要由人均社会组织增加值（X_{404}）、社会组织参与率（X_{405}）和社会组织治理综合满意度（X_{406}）3个指标组成。

表5－4　社会参与治理指数一览

评价目标	选取维度	具体指标	单位	属性
社会参与治理指数	社会组织参与治理指数	人均社会组织投入（X_{401}）	元	投入类，正向指标
		万人社会组织数（X_{402}）	个	
		万人社会组织职工数（X_{403}）	人	
		人均社会组织增加值（X_{404}）	元	产出类，正向指标
		社会组织参与率（X_{405}）	%	
		社会组织治理综合满意度（X_{406}）	定性指标	
	自治组织参与治理指数	人均自治组织投入（X_{407}）	元	投入类，正向指标
		万人自治组织数（X_{408}）	个	
		万人自治组织管理人员数（X_{409}）	人	
		人均自治组织增加值（X_{410}）	元	产出类，正向指标
		居民参选率（X_{411}）	%	
		重大决策听证率（X_{412}）	%	
		自治组织自治综合满意度（X_{413}）	定性指标	

（二）自治组织参与治理指数

在我国自治组织主要包括农村居民自治组织（村委会）和城市居民自治组织（居委会），二者是我国公民参与社会治理最普遍、最核心的基层组织，其参与管理水平是社会参与治理水平的重要体现。自治组织参与治理指数则是衡量自治组织参与治理水平的量化指标。衡量自治组织参与治理水平投入类指标主要由人均自治组织投入（X_{407}）、万人自治组织数（X_{408}）和万人自治组织管理人员数（X_{409}）3个指标组成，产出类指标主要由人均自治组织增加值（X_{410}）、居民参选率（X_{411}）、重大决策听证率（X_{412}）和自治组织治理综合满意度（X_{413}）4个指标组成。

第二节　新型城镇化背景下社会治理评价指标体系筛选

一　指标体系的经验性筛选

指标体系的经验性筛选是指标体系筛选的第一步，主要是根据具体指标的指标值的可获得性，对初选出来的指标进行进一步剔除与合成处理，力求使评价指标更具有可操作性，指标体系更加科学和简化。

（一）指标的剔除处理

在指标体系构建过程中，从理论或学理的视角，以及基于指标体系完整性、系统性原则，有些指标是不可或缺的。但在指标进一步筛选过程中，有些指标由于以下原因而不得不剔除。剔除的具体指标及理由主要分为以下几类：

1. 主观定性指标的剔除

新型城镇化背景下社会治理的价值取向是以人为本，因而人的主观感受（通常用满意度来表示）对社会治理水平的测度分析具有重要意义。但在现实中由于以下原因，为了保证评价结果的科学性、合理性，不得不剔除主观性指标：一是在现有条件下，由于相关统计资料的缺失，主观指标的指标值难以在短时期内获得；二是各区域居民满意认可标准存在一定的差异，而满意度的评价与当地居民满意认可标准密切相关，因而满意度指标值的个体差异非常大，会大大降低评价结果的科学性和客观性。据此剔除的指标有：社会保险治理综合满意度（X_{108}）、社会救济治理综合满意度（X_{115}）、社会福利治理综合满意度（X_{120}）、社会优抚治理综合满意度（X_{125}）、社会治安治理综合满意度（X_{207}）、交通安全治理综合满意度（X_{214}）、生活安全治理综合满意度（X_{221}）、生产安全治理综合满意度（X_{228}）、公共教育治理综合满意度（X_{309}）、公共医疗卫生治理综合满意度（X_{316}）、公共文化治理综合满意度（X_{322}）、公共就业治理综合满意度（X_{328}）、社会组织自治综合满意度（X_{406}）和自治组织自治综合满意度（X_{413}）。

2. 指标存在不稳定性，不得不剔除

具体来说，由于相关统计资料缺失，难以获得有效指标值；或是相关概念界定模糊，统计口径不一；难以精确获得相关指标值；或是指标值的个体差异过大，会破坏评价结果的科学性和合理性。基于这些原因而不得不剔除的指标有：万人社会救济机构数（X_{110}）、万人社会救济机构职工数（X_{111}）、灾害救济率（X_{113}）、贫困救济率（X_{114}）、社会福利综合覆盖率（X_{119}）、万人社会治安治理机构数（X_{202}）、万人社会治安治理机构职工数（X_{203}）、万人治安案件发案率（X_{206}）、万人交通安全治理机构数（X_{209}）、万人交通安全治理机构职工数（X_{210}）、交通事故死亡率（X_{212}）、万人生活安全治理机构数（X_{216}）、万人生活安全治理机构职工数（X_{217}）、万人生产安全治理机构数（X_{223}）、万人生产安全治理机构职工数（X_{224}）、工伤事故发生率（X_{225}）、万人工伤事故数（X_{227}）、生均校舍面积（X_{305}）、高中升学率（X_{308}）、疾病治愈率（X_{315}）、广播电视节目综合人口覆盖率（X_{321}）、人均社会组织投入（X_{401}）、社会组织参与率（X_{405}）、人均自治组织投入（X_{407}）、居民参选率（X_{411}）和重大决策听证率（X_{412}）。

3. 指标间存在高度相关关系，不得不剔除

有些指标表面看上去关系不大，但本质上却是一组高度相关的指

标，这些指标若不有效剔除，不仅会造成评价指标的重复使用，而且还会造成评价结果的失真。据此原因删除的指标主要有：社会保险总投入占 GDP 比重（X_{102}）与人均社会保险投入（X_{101}）、万人刑事犯罪率（X_{204}）与万人刑事案件审结率（X_{205}）、交通事故发案率（X_{211}）与万人交通事故数（X_{213}）、火灾事故发生率（X_{218}）与万人火灾事故数（X_{220}）、初中升学率（X_{307}）与适龄儿童入学率（X_{306}）之间存在高度相关关系。据此剔除的指标有社会保险总投入占 GDP 的比重（X_{102}）、万人刑事犯罪率（X_{204}）、交通事故发案率（X_{211}）、火灾事故发生率（X_{218}）和初中升学率（X_{307}）。

（二）指标的合成处理

指标的合成处理是在保证指标体系的科学性和完整性的前提下，将一些统计口径一致或是相近，且指标之间具有较强的内在一致性的两个及以上的指标进行合并，组合成一个新指标的方法。这样处理的优点在于能在保证评价结果的科学性、稳定性基础上，大大简化指标体系。

具体指标合成处理结果详见表 5－5。

表 5－5　　合成处理的评价指标一览

原评价指标	合成后的指标	指标合成说明
养老保险综合覆盖率（X_{103}） 医疗保险综合覆盖率（X_{104}） 失业保险综合覆盖率（X_{105}） 工伤保险综合覆盖率（X_{106}） 生育保险综合覆盖率（X_{107}）	基本社会保险综合覆盖率	将社会保险五大险种合并成社会保险，再计算社会保险综合覆盖率；但在实际中，国际通行使用最核心、最重要的养老保险和医疗保险作为衡量基本社会保险综合覆盖率。本书也采用此标准
人均社会保险投入（X_{101}） 人均社会救济投入（X_{109}） 人均社会福利投入（X_{116}） 人均社会优抚投入（X_{121}）	人均社会保障投入	将衡量社会保障的四个重要方面——社会保险、社会救济、社会福利和社会优抚的人均财政投入进行加权合并，形成一个综合性的指标

续表

原评价指标	合成后的指标	指标合成说明
人均社会治安治理投入（X_{201}） 人均交通安全治理投入（X_{208}） 人均生活安全治理投入（X_{215}） 人均生产安全治理投入（X_{222}）	人均社会安全投入	将衡量社会安全的四个重要方面——社会治安、交通安全、生活安全和生产安全的人均财政投入进行加权合并，形成一个综合性的指标
人均公共教育投入（X_{301}） 人均公共医疗卫生投入（X_{310}） 人均公共文化投入（X_{317}） 人均公共就业投入（X_{323}）	人均公共服务投入	将衡量公共服务的四个重要方面——公共教育、公共医疗卫生、公共文化和公共就业的人均财政投入进行合并，形成一个综合性的指标

二　指标体系的鉴别力筛选

经过经验性筛选后，为了进一步简化指标体系，保证指标体系的科学性和完整性，需要对指标体系进行鉴别力判定，即鉴别力筛选。鉴别力是指评价指标区分评价对象的特征差异能力。在鉴别力判定过程中，那些对所有评价对象都呈现出几乎一致的得分或结果的指标，可认定为鉴别力较差的指标；反之，那些对不同评价对象呈现出有一定区分度的得分或结果的指标，则可认定为鉴别力较高的指标。鉴别力筛选实质上就是剔除那些鉴别力较低的指标，而保留那些鉴别力较高的指标。

在评价的指标反应理论中，通常把指标特征曲线的斜率作为评价指标的鉴别力参数，斜率越大意味着鉴别力也就越高；反之，鉴别力就越低。① 由于指标特征曲线的斜率计算需要较多实际资料作为支撑，精确获得该斜率的可能性不大。因而在实际应用操作中，通常用变差系数来描述评价指标的鉴别力。②

① 王重鸣：《心理学研究方法》，人民教育出版社 2000 年版，第 130—132 页。

② 范柏乃、单世涛、陆长生：《城市技术创新能力评价指标筛选方法研究》，《科学学研究》2002 年第 6 期。

范柏乃、朱华：《我国地方政府绩效评价体系的构建和实际测度》，《政治学研究》2005 年第 2 期。

具体计算公式如下：

$$V_i = \frac{S_i}{\overline{X}} \quad (5-1)$$

其中，V_i 表示变差系数，$\overline{X}$表示所有评价对象指标 X_i 的平均值，S_i 是 X_i 的标准差。

若变差系数 V_i 越小，该指标的鉴别能力越弱；反之，若变差系数 V_i 越大，则该指标值的鉴别能力则越强。

依据相关官方统计年鉴和统计公报提供的数据，计算出 2011 年全国 30 个省（市、自治区）（西藏除外）的各指标值，并计算出各指标的变差系数，进行鉴别能力筛选。

具体筛选结果如表 5－6 所示。

表 5－6　　　　评价指标变差系数一览

指标名称	变差系数	指标名称	变差系数
人均社会保障投入	0.5142	万人公共医疗卫生机构床位数	0.1441
基本社会保险综合覆盖率	0.1210	万人卫生技术人员数	0.2166
万人社会福利机构数	0.8399	公共医疗卫生机构病床使用率	0.0704
万人社会福利机构职工数	0.0584	万人公共文化机构数	0.3398
社会救济综合覆盖率	0.6221	万人公共文化机构从业人员数	0.3138
社会优抚综合覆盖率	0.5264	人均公共图书馆藏书量	0.1170
人均社会安全投入	0.4374	万人公共就业机构数	0.3436
万人刑事案件审结数	0.3051	万人公共就业机构职工数	0.6964
万人交通事故数	0.4565	失业率	0.1865
万人火灾事故数	0.8788	在岗职工平均工资	0.1526
工伤事故数死亡率	0.4695	万人社会组织数	0.2761
人均公共服务投入	0.3457	万人社会组织职工数	0.2910
万名学生学校数	0.3014	人均社会组织增加值	1.2224
万名学生专任教师数	0.1454	人均自治组织增加值	1.2037
适龄儿童入学率	0.0027	万人自治组织数	0.3686
万人公共医疗卫生机构数	0.3341	万人自治组织管理人员数	0.4056

根据相关经验判断，本书选取临界值为0.20，即变差系数小于0.20的指标则剔除，大于0.20的指标则予以保留。不过需要说明的是，虽然指标“基本社会保险综合覆盖率”和“万名学生专任教师数”的变差系数也低于临界值，但考虑其在各自评价层级起到了十分重要的作用，并参照了相关学者先期研究成果，为了保持指标体系的完整性和系统性，最终决定予以保留。根据上述原则，剔除的指标及其变差系数见表5－7。

表5－7　剔除指标变差系数一览

剔除的指标	变差系数
万人社会福利机构职工数	0.0584
适龄儿童入学率	0.0027
万人公共医疗卫生机构床位数	0.1441
公共医疗卫生机构病床使用率	0.0704
人均公共图书馆藏书量	0.1170
失业率	0.1865
在岗职工平均工资	0.1526

通过上述层层筛选和优化，新型城镇化背景下社会治理评价指标体系如表5－8所示。

表5－8　新型城镇化背景下社会治理评价指标体系

目标层	准则层	指标层
A社会治理指数	A_1社会保障治理指数	A_{11}人均社会保障投入
		A_{12}基本社会保险综合覆盖率
		A_{13}社会救济综合覆盖率
		A_{14}万人社会福利机构数
		A_{15}社会优抚综合覆盖率

续表

目标层	准则层	指标层
A 社会治理指数	A_2 社会安全治理指数	A_{21} 人均社会安全投入
		A_{22} 万人刑事案件审结数
		A_{23} 万人交通事故数
		A_{24} 万人火灾事故数
		A_{25} 工伤事故死亡率
	A_3 公共服务治理指数	A_{31} 人均公共服务投入
		A_{32} 万名学生学校数
		A_{33} 万名学生专任教师数
		A_{34} 万人公共医疗卫生机构数
		A_{35} 万人卫生技术人员数
		A_{36} 万人公共文化机构数
		A_{37} 万人公共文化机构从业人员数
		A_{38} 万人公共就业机构数
		A_{39} 万人公共就业机构职工数
	A_4 社会参与治理指数	A_{41} 人均社会组织增加值
		A_{42} 万人社会组织数
		A_{43} 万人社会组织职工数
		A_{44} 人均自治组织增加值
		A_{45} 万人自治组织数
		A_{46} 万人自治组织管理人员数

第三节　新型城镇化背景下社会治理评价指标体系构建

一　指标解释及计算

指标 A_{11}：人均社会保障投入，表示社会保障人均政府财政投入水平，通常用来衡量社会保障经费投入水平。具体计算公式为：

$A_{11}=\frac{G_1}{P_0}$，其中，G_1 表示社会保障财政支出额（含社会保险、社会救济、社会福利、社会优抚四类财政支出）；P_0 表示总人口数（常住人口）。

指标 A_{12}：基本社会保险综合覆盖率，表示社会保险人口覆盖程度，通常用来衡量社会保险综合发展水平，具体计算公式为：$A_{12}=\frac{P_1+P_2}{2P_0}$，其中，$P_1$ 为养老保险参保人数（含城镇居民养老保险、城镇职工养老保险、农村居民社会养老保险三种）；P_2 为医疗保险参保人数（含城镇基本医疗保险和新型农村合作医疗保险两种）；P_0 表示总人口数（常住人口）。

指标 A_{13}：社会救济综合覆盖率，表示社会救济人口覆盖程度，通常用来衡量社会救济综合发展水平，具体计算公式为：$A_{13}=\frac{P_3+P_4}{P_0}$，其中，$P_3$ 为城市社会救济人口（含城市最低生活保障人数、城市医疗救济人数、城市临时救济人数三种）；P_4 为农村社会救济人口（含农村最低生活保障人数、农村医疗救济人数、农村临时救济人数三种）；P_0 表示总人口数（常住人口）。

指标 A_{14}：万人社会福利机构数，主要从组织机构角度来衡量社会福利水平，具体计算公式为：$A_{14}=\frac{(O_1+O_2)\times 10000}{P_0}$，其中，$O_1$ 为社会福利院数，O_2 为社会福利企业数；P_0 表示总人口数（常住人口）。

指标 A_{15}：社会优抚综合覆盖率，主要用来衡量社会优抚综合覆盖程度，具体计算公式为：$A_{15}=\frac{P_5}{P_0}$，其中，P_5 为抚恤、补助优抚对象人数；P_0 表示总人口数（常住人口）。

指标 A_{21}：人均社会安全投入，表示社会安全人均政府财政投入水平，通常用来衡量社会安全经费投入水平，具体计算公式为：$A_{21}=\frac{G_2}{P_0}$，其中，G_2 表示社会安全财政支出额（含社会治安、交通安全、生活安全、生产安全四类财政支出）；P_0 表示总人口数（常住人口）。

指标 A_{22}：万人刑事案件审结数，主要从刑事犯罪的角度来衡量社会治安管理水平的好坏，具体计算公式为：$A_{22}=\frac{Q_1\times10000}{P_0}$，其中，$Q_1$ 为刑事案件数；P_0 表示总人口数（常住人口）。

指标 A_{23}：万人交通事故数，主要从交通事故角度来衡量交通安全管理水平的好坏，具体计算公式为：$A_{23}=\frac{Q_2\times10000}{P_0}$，其中，$Q_2$ 为交通事故数；P_0 表示总人口数（常住人口）。

指标 A_{24}：万人火灾事故数，主要从火灾事故角度来衡量生活安全管理水平的好坏，具体计算公式为：$A_{24}=\frac{Q_3\times10000}{P_0}$，其中，$Q_3$ 为火灾事故数；P_0 表示总人口数（常住人口）。

指标 A_{25}：工伤事故死亡率，主要从工伤事故角度来衡量生产安全管理水平的好坏，具体计算公式为：$A_{25}=\frac{P_6}{P_7}$，其中，P_6 为工伤事故死亡人数；P_7 为工伤事故伤亡数。

指标 A_{31}：人均公共服务投入，表示人均公共服务政府财政投入水平，通常用来衡量公共服务经费投入水平，具体计算公式为：$A_{31}=\frac{G_3}{P_0}$，其中，G_3 表示公共服务的财政支出额（含公共教育、公共医疗卫生、公共文化、公共就业四类财政支出）；P_0 表示总人口数（常住人口）。

指标 A_{32}：万名学生学校数，主要从组织机构角度来衡量公共教育机构投入水平，具体计算公式为：$A_{32}=\frac{Q_3\times10000}{P_8}$，其中，$Q_3$ 为学校数（含小学、普通中学、高校三类机构数），P_8 为学生数（含小学、普通中学、高校三大类学生数）。

指标 A_{33}：万名学生专任教师数，主要从人员角度来衡量公共教育人员投入水平，具体计算公式为：$A_{33}=\frac{P_9\times10000}{P_8}$，其中，$P_9$ 为专任教师数（含小学、普通中学、高校三类机构专专任教师数）；P_8 为学生数（含小学、普通中学、高校三大类学生数）。

指标 A_{34}：万人公共医疗卫生机构数，主要从组织机构角度来衡量公共医疗卫生机构投入水平，具体计算公式为：$A_{34}=\frac{O_4\times 10000}{P_0}$，其中，$O_4$ 为公共医疗卫生机构数（含医院、基层医疗卫生机构、专业公共卫生机构三类机构数）；P_0 表示总人口数（常住人口）。

指标 A_{35}：万人卫生技术人员数，主要从人员角度来衡量公共医疗卫生机构卫生技术人员投入水平，具体计算公式为：$A_{35}=\frac{P_{10}\times 10000}{P_0}$，其中，$P_{10}$为卫生技术人员数（含医院、基层医疗卫生机构、专业公共卫生机构三类机构数）；P_0 表示总人口数（常住人口）。

指标 A_{36}：万人公共文化机构数，主要从组织机构角度来衡量公共文化机构投入水平，具体计算公式为：$A_{36}=\frac{O_5\times 10000}{P_0}$，其中，$O_5$ 为公共文化机构数［含图书馆、群艺馆、文化馆（站）、博物馆、艺术表演团体、场馆的机构数］；P_0 表示总人口数（常住人口）。

指标 A_{37}：万人公共文化机构从业人员数，主要从人员角度来衡量公共文化机构人员投入水平，具体计算公式为：$A_{37}=\frac{P_{11}\times 10000}{P_0}$，其中，$P_{11}$为公共文化机构从业人员数［含图书馆、群艺馆、文化馆（站）、博物馆、艺术表演团体、场馆的机构数］；P_0 表示总人口数（常住人口）。

指标 A_{38}：万人公共就业机构数，主要从组织机构角度来衡量公共就业机构投入水平，具体计算公式为：$A_{38}=\frac{O_6\times 10000}{P_0}$，其中，$O_6$ 为公共就业机构数（含职业培训机构、技工学校数）；P_0 表示总人口数（常住人口）。

指标 A_{39}：万人公共就业机构职工数，主要从人员角度来衡量公共就业服务机构投入水平，具体计算公式为：$A_{39}=\frac{P_{12}\times 10000}{P_0}$，其中，$P_{12}$为公共就业机构数（含职业培训机构、技工学校职工数）；P_0表示总人口数（常住人口）。

指标 A_{41}：人均社会组织增加值，主要从增加值角度来衡量社会组织的效益产出水平，具体计算公式为：$A_{41}=\frac{I_1}{P_0}$，其中，I_1 为社会组织增加值；P_0 表示总人口数（常住人口）。

指标 A_{42}：万人社会组织数，主要从组织机构角度来衡量社会组织机构投入水平，具体计算公式为：$A_{42}=\frac{O_7\times10000}{P_0}$，其中，$O_7$ 为社会组织数（含社会团体、民办非企业、基金会三类机构数）；P_0 表示总人口数（常住人口）。

指标 A_{43}：万人社会组织职工数，主要从人员角度来衡量社会组织人员投入水平，具体计算公式为：$A_{43}=\frac{P_{13}\times10000}{P_0}$，其中，$P_{13}$为社会组织职工数（含社会团体、民办非企业、基金会三类机构职工数）；P_0 表示总人口数（常住人口）。

指标 A_{44}：人均自治组织增加值，主要从产出角度来衡量自治组织的增加值，具体计算公式为：$A_{44}=\frac{I_2}{P_0}$，其中，I_2 为自治组织增加值；P_0 表示总人口数（常住人口）。

指标 A_{45}：万人自治组织数，主要从增加值角度来衡量自治组织的效益产出水平，具体计算公式为：$A_{45}=\frac{O_8\times10000}{P_0}$，其中，$O_8$ 为自治组织数（含城市社区居委会、农村村委会两类机构数）；P_0 表示总人口数（常住人口）。

指标 A_{46}：万人自治组织管理人员数，主要从人员角度来衡量自治组织人员投入水平，具体计算公式为：$A_{46}=\frac{P_{14}\times10000}{P_0}$，其中，$P_{14}$为自治组织管理人员数［含城市社区居委会、农村村委会两类机构的管理人员数（指居委会、村委会主任数）］；P_0 表示总人口数（常住人口）。

二　指标体系的权重确定

（一）权重确定方法——层次分析法

层次分析法的基本思想是把复杂问题按照一定逻辑分解成若干层次，并通过两两对比得出各因素的权重。它最大特点在于能在很大程度上弥补单纯考虑定量而忽视定性分析，以及定性分析中主观因素太明显等缺陷。在学术界，这种方法已被广泛应用。层次分析法的主要步骤如下：

（1）建立递阶层次结构。首先对需要解决的问题进行分层处理，将一个复杂的系统对象分解为一个有层次的阶梯状结构模型，一般这些层次可以分为最高层、中间层和最低层三类。

（2）建立判断矩阵。对同一层次的评价指标两两互相进行比较相对重要性，建立判断矩阵。判断矩阵中各元素的确定见表5－9。

表5－9　　判断矩阵中各元素的确定

各元素的标度值	两目标相比
1	同样重要
3	稍微重要
5	明显重要
7	重要得多
9	极端重要
2、4、6、8	介于以上相邻两种情况之间
以上各数的倒数	两目标反过来比较

（3）计算判断矩阵的最大特征根，构造特征矩阵。采用和积法或方法根近似求解的方法分别求解每一个判断矩阵的最大特征值 λ_{max}，构造相应的特征矩阵。

（4）进行一致性检验。一致性检验是通过计算一致性指标和检验系数来检验的，是层次分析法中必不可少的一步。

一致性指标：$CI=\frac{\lambda_{max}-n}{n-1}$　　（5－2）

检验系数：$CR = \frac{CI}{RI}$ （5－3）

其中，RI 是平均一致性指标，可以通过 RI 系数表查得（见表5－10）。

表 5－10　　RI 系数

阶数	3	4	5	6	7	8	9
RI	0.58	0.90	1.12	1.24	1.32	1.41	1.45

当 CR＜0.1 时，表明判断矩阵具有满意的一致性；否则，需要重新调整判断矩阵。

（5）求取相对权重。依据通过检验的判断矩阵，借助一定的统计软件，计算出各指标的权重以及各层次的组合权重。

（二）确定指标权重

借助李克特量表，依据专家打分法的结果，构建了判断矩阵，运用了层次分析法，计算各指标及指数的权重，并进行了一致性检验。① 具体计算结果如下。

准则层各指标判断矩阵如表 5－11 所示。

表 5－11　　准则层各指标的判断矩阵

A	A_1	A_2	A_3	A_4	W（权重）	
A_1	1	1	1	1	0.250	$\lambda_{max}=4.000$ CI＝0.000 RI＝0.900 CR＝0.000＜0.1
A_2	1	1	1	1	0.250	
A_3	1	1	1	1	0.250	
A_4	1	1	1	1	0.250	

社会保障治理指数各指标判断矩阵如表 5－12 所示。

① 本书指标权重的确定是通过会议和邮件两种形式，借助李克特量表，向 20 名涉及公共治理领域的专家学者征求意见，在此基础上确定了指标的相对重要性，即判断矩阵，最终通过层次分析法确定的。

表 5－12　　　　　社会保障治理指数各指标的判断矩阵

A_1	A_{11}	A_{12}	A_{13}	A_{14}	A_{15}	W（权重）	
A_{11}	1	2	3	3	3	0. 394	$\lambda_{max}=5.010$
A_{12}	1/2	1	2	2	2	0. 234	CI＝0. 002
A_{13}	1/3	1/2	1	1	1	0. 124	RI＝1. 120
A_{14}	1/3	1/2	1	1	1	0. 124	CR＝0. 002＜0. 1
A_{15}	1/3	1/2	1	1	1	0. 124	

社会安全治理指数各指标判断矩阵如表 5－13 所示。

表 5－13　　　　　社会安全治理指数各指标的判断矩阵

A_2	A_{21}	A_{22}	A_{23}	A_{24}	A_{25}	W（权重）	
A_{21}	1	3	3	3	3	0. 429	$\lambda_{max}=5.000$
A_{22}		1	1	1	1	0. 143	CI＝0. 000
A_{23}	1/3	1	1	1	1	0. 143	RI＝1. 120
A_{24}	1/3	1	1	1	1	0. 143	CR＝0. 000＜0. 1
A_{25}	1/3	1	1	1	1	0. 143	

公共服务治理指数各指标判断矩阵如表 5－14 所示。

表 5－14　　　　　公共服务治理指数各指标判断矩阵

A_3	A_{31}	A_{32}	A_{33}	A_{34}	A_{35}	A_{36}	A_{37}	A_{38}	A_{39}	W 权重	
A_{31}	1	4	3	4	3	4	3	4	3	0. 291	
A_{32}	1/4	1	1/2	1	1/2	1	1/2	1	1/2	0. 061	
A_{33}	1/3	2	1	2	1	2	1	2	1	0. 116	$\lambda_{max}=9.109$
A_{34}	1/4	1	1/2	1	1/2	1	1/2	1	1/2	0. 061	CI＝0. 014
A_{35}	1/3	2	1	2	1	2	1	2	1	0. 116	RI＝1. 450
A_{36}	1/4	1	1/2	1	1/2	1	1/2	1	1/2	0. 061	CR＝0. 010＜0. 1
A_{37}	1/3	2	1	2	1	2	1	1	2	0. 116	
A_{38}	1/4	1	1/2	1	1/2	1	1	1	1/2	0. 061	
A_{39}	1/3	2	1	2	1	2	1/2	2	1	0. 116	

社会参与治理指数各指标判断矩阵如表 5 – 15 所示。

表 5 – 15　　　　社会参与治理指数各指标的判断矩阵

<table>
<tr><td>A_4</td><td>A_{41}</td><td>A_{42}</td><td>A_{43}</td><td>A_{44}</td><td>A_{45}</td><td>A_{46}</td><td>W（权重）</td><td rowspan="7">$\lambda_{max}=6.018$
CI = 0.004
RI = 1.240
CR = 0.003 < 0.1</td></tr>
<tr><td>A_{41}</td><td>1</td><td>3</td><td>2</td><td>3</td><td>1</td><td>2</td><td>0.270</td></tr>
<tr><td>A_{42}</td><td>1/3</td><td>1</td><td>1/2</td><td>1</td><td>1/3</td><td>1/2</td><td>0.082</td></tr>
<tr><td>A_{43}</td><td>1/2</td><td>2</td><td>1</td><td>2</td><td>1/2</td><td>1</td><td>0.148</td></tr>
<tr><td>A_{44}</td><td>1/3</td><td>1</td><td>1/2</td><td>1</td><td>1/3</td><td>1/2</td><td>0.270</td></tr>
<tr><td>A_{45}</td><td>1</td><td>3</td><td>2</td><td>3</td><td>1</td><td>2</td><td>0.082</td></tr>
<tr><td>A_{46}</td><td>1/3</td><td>2</td><td>1</td><td>2</td><td>1/2</td><td>1</td><td>0.148</td></tr>
</table>

依据判断矩阵，运用层次分析法，指标体系中各项指标、指数的权重如表 5 – 16 所示。

表 5 – 16　　　　指标体系中各项指标、指数的权重

<table>
<tr><td>目标层</td><td>准则层</td><td>指标层</td><td colspan="2">权重</td></tr>
<tr><td rowspan="15">A 社会
治理指数</td><td rowspan="5">A_1
社会保障
治理指数</td><td>A_{11}人均社会保障投入</td><td>0.394</td><td rowspan="5">0.250</td></tr>
<tr><td>A_{12}基本社会保险综合覆盖率</td><td>0.234</td></tr>
<tr><td>A_{13}社会救济综合覆盖率</td><td>0.124</td></tr>
<tr><td>A_{14}万人社会福利机构数</td><td>0.124</td></tr>
<tr><td>A_{15}社会优抚综合覆盖率</td><td>0.124</td></tr>
<tr><td rowspan="5">A_2
社会安全
治理指数</td><td>A_{21}人均社会安全投入</td><td>0.429</td><td rowspan="5">0.250</td></tr>
<tr><td>A_{22}万人刑事案件审结数</td><td>0.143</td></tr>
<tr><td>A_{23}万人交通事故数</td><td>0.143</td></tr>
<tr><td>A_{24}万人火灾事故数</td><td>0.143</td></tr>
<tr><td>A_{25}工伤事故死亡率</td><td>0.143</td></tr>
<tr><td rowspan="5">A_3
公共服务
治理指数</td><td>A_{31}人均公共服务投入</td><td>0.291</td><td rowspan="5">0.250</td></tr>
<tr><td>A_{32}万名学生学校数</td><td>0.061</td></tr>
<tr><td>A_{33}万名学生专任教师数</td><td>0.116</td></tr>
<tr><td>A_{34}万人公共医疗卫生机构数</td><td>0.061</td></tr>
<tr><td>A_{35}万人卫生技术人员数</td><td>0.116</td></tr>
</table>

续表

目标层	准则层	指标层	权重	
A社会治理指数	A_3 公共服务治理指数	A_{36}万人公共文化机构数	0.061	0.250
		A_{37}万人公共文化机构从业人员数	0.116	
		A_{38}万人公共就业机构数	0.061	
		A_{39}万人公共就业机构职工数	0.116	
	A_4 社会参与治理指数	A_{41}人均社会组织增加值	0.270	0.250
		A_{42}万人社会组织数	0.082	
		A_{43}万人社会组织职工数	0.148	
		A_{44}人均自治组织增加值	0.270	
		A_{45}万人自治组织数	0.082	
		A_{46}万人自治组织管理人员数	0.148	

三　指数解释及计算

指数A_1：社会保障治理指数，用来衡量新型城镇化背景下社会治理中社会保障治理水平，具体计算公式为：

$$A_1 = A_{11} \times 0.394 + A_{12} \times 0.234 + A_{13} \times 0.124 + A_{14} \times 0.124 + A_{15} \times 0.124 \quad (5-4)$$

指数A_2：社会安全治理指数，用来衡量新型城镇化背景下社会治理中社会安全治理水平，具体计算公式为：

$$A_2 = A_{21} \times 0.429 + A_{22} \times 0.143 + A_{23} \times 0.143 + A_{24} \times 0.143 + A_{25} \times 0.143 \quad (5-5)$$

指数A_3：公共服务治理指数，用来衡量新型城镇化背景下社会治理中公共服务治理水平，具体计算公式为：

$$A_3 = A_{31} \times 0.291 + A_{32} \times 0.061 + A_{33} \times 0.116 + A_{34} \times 0.061 + A_{35} \times 0.116 + A_{36} \times 0.061 + A_{37} \times 0.116 + A_{38} \times 0.061 + A_{39} \times 0.116 \quad (5-6)$$

指数A_4：社会参与治理指数，用来衡量新型城镇化背景下社会治理中社会保障治理水平，具体计算公式为：

$$A_4 = A_{41} \times 0.270 + A_{42} \times 0.082 + A_{43} \times 0.148 + A_{44} \times 0.270 + A_{45} \times 0.082 + A_{46} \times 0.148 \quad (5-7)$$

指数A：社会治理指数，主要用来衡量新型城镇化背景下社会治理水平，具体计算公式为：

$$A = A_1 \times 0.250 + A_2 \times 0.250 + A_3 \times 0.250 + A_4 \times 0.250 \quad (5-8)$$

本章小结

综上所述，本章首先基于社会治理投入与产出视角，对社会保障治理指数、社会安全治理指数、公共服务治理指数和社会参与治理指数进行指标初选；其次对初选出的指标进行经验性筛选（指标剔除、合成处理）和鉴别力筛选（一致性系数检验）；再次对指标和指数进行解释说明，并通过层次分析法确定了指标的权重，最终构建包括4个一级指数，25个具体指标的新型城镇化背景下社会治理评价指标体系。

最终指标体系如表5－17所示。

表5－17　新型城镇化背景下社会治理评价指标体系

<table>
<tr><th>目标层</th><th>准则层</th><th>指标层</th><th>选取层面</th><th colspan="2">权重</th></tr>
<tr><td rowspan="13">A社会治理指数</td><td rowspan="5">A_1 社会保障治理指数</td><td>A_{11}人均社会保障投入</td><td>经费投入</td><td>0.394</td><td rowspan="5">0.250</td></tr>
<tr><td>A_{12}基本社会保险综合覆盖率</td><td>社会保险</td><td>0.234</td></tr>
<tr><td>A_{13}社会救济综合覆盖率</td><td>社会救助</td><td>0.124</td></tr>
<tr><td>A_{14}万人社会福利机构数</td><td>社会福利</td><td>0.124</td></tr>
<tr><td>A_{15}社会优抚综合覆盖率</td><td>社会优抚</td><td>0.124</td></tr>
<tr><td rowspan="5">A_2 社会安全治理指数</td><td>A_{21}人均社会安全投入</td><td>经费投入</td><td>0.429</td><td rowspan="5">0.250</td></tr>
<tr><td>A_{22}万人刑事案件审结数</td><td>社会治安</td><td>0.143</td></tr>
<tr><td>A_{23}万人交通事故数</td><td>交通安全</td><td>0.143</td></tr>
<tr><td>A_{24}万人火灾事故数</td><td>生活安全</td><td>0.143</td></tr>
<tr><td>A_{25}工伤事故死亡率</td><td>生产安全</td><td>0.143</td></tr>
<tr><td rowspan="3">A_3 公共服务治理指数</td><td>A_{31}人均公共服务投入</td><td>经费投入</td><td>0.291</td><td rowspan="3">0.250</td></tr>
<tr><td>A_{32}万名学生学校数</td><td rowspan="2">公共教育</td><td>0.061</td></tr>
<tr><td>A_{33}万名学生专任教师数</td><td>0.116</td></tr>
</table>

续表

<table>
<tr><th>目标层</th><th>准则层</th><th>指标层</th><th>选取层面</th><th colspan="2">权重</th></tr>
<tr><td rowspan="12">A 社会治理指数</td><td rowspan="6">A_3 公共服务治理指数</td><td>A_{34}万人公共医疗卫生机构数</td><td rowspan="2">公共医疗卫生</td><td>0. 061</td><td rowspan="6">0. 250</td></tr>
<tr><td>A_{35}万人卫生技术人员数</td><td>0. 116</td></tr>
<tr><td>A_{36}万人公共文化机构数</td><td rowspan="2">公共文化</td><td>0. 061</td></tr>
<tr><td>A_{37}万人公共文化机构从业人员数</td><td>0. 116</td></tr>
<tr><td>A_{38}万人公共就业机构数</td><td rowspan="2">公共就业</td><td>0. 061</td></tr>
<tr><td>A_{39}万人公共就业机构职工数</td><td>0. 116</td></tr>
<tr><td rowspan="6">A_4 社会参与治理指数</td><td>A_{41}人均社会组织增加值</td><td rowspan="3">社会组织参与</td><td>0. 270</td><td rowspan="6">0. 250</td></tr>
<tr><td>A_{42}万人社会组织数</td><td>0. 082</td></tr>
<tr><td>A_{43}万人社会组织职工数</td><td>0. 148</td></tr>
<tr><td>A_{44}人均自治组织增加值</td><td rowspan="3">自治组织参与</td><td>0. 270</td></tr>
<tr><td>A_{45}万人自治组织数</td><td>0. 082</td></tr>
<tr><td>A_{46}万人自治组织管理人员数</td><td>0. 148</td></tr>
</table>

第六章　新型城镇化背景下社会治理评价指标体系应用

第一节　数据获得与指标标准化处理

一　数据来源及说明

由于新型城镇化背景下社会治理评价指标体系是一个涉及社会保障治理、社会安全治理、公共服务治理和社会参与治理四个方面的多层次复合指标体系，内容十分庞杂，涉及的数据也比较多。而且有些数据由于统计口径不一，或是统计期限不一致，致使很多统计数据存在明显的个体差异，大大影响了评价结果的稳定性和科学性。为了保证数据的可靠性和一致性，本书采用的数据主要来源于以下两个方面：一是官方统计年鉴，这是本书数据获得的主要来源，具体有《中国统计年鉴》（2012）、《中国民政统计年鉴》（2012）、《中国卫生统计年鉴》（2012）、《中国劳动统计年鉴》（2012）等，以及各省市、自治区的官方统计年鉴；二是官方统计公报，即国家统计局和地方统计局定期公布的年度统计公报（原始数据及具体说明详见附录）。

二　指标标准化处理

指标的标准化处理，主要包括两个方面：一是同一的统计指标进行计量口径一致转化，采取同样的计量单位；二是为了保证数据具有较强的一致性，对经过计量单位统一转化后数据进行规范化处理，即无量纲化处理。在此着重对无量纲化处理方法进行说明。

本书构建的新型城镇化背景下社会治理评价指标体系是一个典型

多指标的复合指标体系，内部既有正向指标（也称效益型指标），即指标值越大评价越好，也有逆向指标（也称成本型指标），即指标值越小评价越好。目前对指标进行无量纲化的常用方法主要有以下三种：①

设 i 为第 i 个评价区域（或评价单元）的序号，1，2，3，…，m；k 为第 k 个评价指标的序号，$k=1$，2，3，…，n；则 v_{ik}为第 i 个评价区域的第 k 个指标的评价值；x_{ik}表示经过无量纲化处理后指标 v_{ik} 的评价值。

第一种方法：最大最小值法。

正向指标：$$x_{ik}=\frac{v_{ik}-\min\limits_{i}v_{ik}}{\max\limits_{i}v_{ik}-\min\limits_{i}v_{ik}} \tag{6-1}$$

逆向指标：$$x_{ik}=\frac{\max\limits_{i}v_{ik}-v_{ik}}{\max\limits_{i}v_{ik}-\min\limits_{i}v_{ik}} \tag{6-2}$$

（1，2，3，…，m，$k=1$，2，3，…，n）

这种方法处理过程中，公式中的分母取决于最大值和最小值，而与其他指标无关。若指标的最大值和最小值差别很大时，分母就变得较大，那么经过无量纲化处理后的指标就会相对变小，相对降低了该指标的权重；反之，若最大值与最小值差别很小时，分母就变得较小，经过无量纲化处理后的指标就会相对变大，相对提高了该指标的权重。这样会大大降低评价结果的科学性和真实性。而本书涉及的评价对象较多，个体差异较大，因而该方法不适合本书无量纲化处理。

第二种方法：标准化法。在上述假设下，分别表示指标 v_{ik}的均差和标准差，则无量纲化的公式为：

正向指标：$$x_{ik}=\frac{v_{ik}-\overline{v_{ik}}}{\sigma_{ik}} \tag{6-3}$$

逆向指标：$$x_{ik}=\frac{\overline{v_{ik}}-v_{ik}}{\sigma_{ik}} \tag{6-4}$$

① 叶宗裕：《关于多指标综合评价中指标正向化和无量纲化方法的选择》，《浙江统计》2003 年第 4 期。

（1，2，3，…，m，k=1，2，3，…，n）

经过无量纲化处理后，指标 x_{ik} 的均值为 0，方差为 1，消除量纲和数量级的影响，达到指标标准化处理的目的。但在无量纲化过程中，该方法也消除了各个指标变异程度上的差异，不能精确反映原始数据所包含的一些信息，而致使评价结果的失真和不准确性。

第三种方法：均值化法。假设同前，表示指标 v_{ik} 的均差，无量纲化的公式为：

正向指标：$x_{ik}=\frac{v_{ik}}{\overline{v_{ik}}}$ （6-5）

逆向指标：$x_{ik}=\frac{\overline{v_{ik}}}{v_{ik}}$ （6-6）

（1，2，3，…，m，k=1，2，3，…，n）

经过该方法处理后，均值化后各指标的均值都为 1，且均值后各指标的方差是各个指标变异系数的平方，最大限度地保证了各指标变异程度的信息。这样在很大程度上，保证了评价结果的科学性和稳定性。

具体来说，采用均值化法进行无量纲化处理，既可以保证评价结果的科学性和稳定性，又可以反映评价对象各个评价指标与平均水平的变异程度，凸显了数据的区分度。因而本书将采取该方法对原始数据进行无量纲化处理。

第二节　研究方法与描述性统计变量

一　综合评价法

目前学术界，常用的综合评价方法主要有：灰色关联综合评价法（GRA）、主成分分析法（PCA）、综合评价法（TOPSIS）、数据包络分析法（DEA）、人工神经网络分析法（ANN）等几种，其中灰色关联综合评价法和 TOPSIS 分析法是需要考虑指标的相对重要性，结合指标权重来进行分析的。这些方法都常用于各类评价中，但各自的侧重点略有差别。本书根据评价对象及相关数据结构的特征，拟采用 TOPSIS 分析法。

TOPSIS（Technique for Order Preference by Similarity to Ideal Solution）法，也称为逼近理想解排序法，是一种用于多目标决策分析中的常用方法，能对多个评价对象进行排序比较。[①] 该方法最早由 C. L. H. Wang 和 K. S. Yoon 提出，其基本原理是：首先基于原始评价矩阵，对数据进行无量纲化处理，得到规范化矩阵；其次结合指标权重，建立加权决策矩阵，找出有限方案中的正理想方案（最优方案）和负理想方案（最劣方案）；最后计算评价对象与正理想方案和负理想方案的距离，获得各评价对象与正理想方案的相对接近程度，并以相对接近度作为评价排序的依据。[②] 具体计算步骤如下：

设有 n 个评价单元，每个单元有 p 个评价指标，则评价矩阵为 $X=(X_{ij})_{n\times p}$，其中指标 $x_{ij}(1, 2, 3, \cdots, n, j=1, 2, 3, \cdots, p)$表示第 i 个评价单元中的第 j 项指标值。

原始数据矩阵如下：

$$X=\begin{bmatrix} x_{11} & x_{12} & \cdots & x_{1p} \\ x_{21} & x_{22} & \cdots & x_{2p} \\ \cdots & \cdots & \cdots & \cdots \\ x_{n1} & x_{n2} & \cdots & x_{np} \end{bmatrix}_{n\times p}$$

(1)无量纲化处理，建立规范矩阵 $X'=(X'_{ij})_{n\times p}$，无量纲化方法详见上节式(6－5)和式(6－6)。处理完后，便得到规范评价矩阵：$X'=(X'_{ij})_{n\times p}$

$$X'=\begin{bmatrix} x'_{11} & x'_{12} & \cdots & x'_{1p} \\ x'_{21} & x'_{22} & \cdots & x'_{2p} \\ \cdots & \cdots & \cdots & \cdots \\ x'_{n1} & x'_{n2} & \cdots & x'_{np} \end{bmatrix}_{n\times p}$$

---

① 侯定丕、王战军：《非线性评估的探索与应用》，中国科学技术出版社 2001 年版，第 123—124 页。

② 南锐、王新民、李会欣：《区域基本公共服务均等化水平的评价》，《财经科学》2012 年第 12 期。

(2)加入指标权重，构造加权的规范评价矩阵：$Z=(z_{ij})_{n\times p}$

$$Z_{ij}=\begin{bmatrix} z_{11} & z_{12} & \cdots & z_{1p} \\ z_{21} & z_{22} & \cdots & z_{2p} \\ \cdots & \cdots & \cdots & \cdots \\ z_{n1} & z_{n2} & \cdots & z_{np} \end{bmatrix}_{n\times p}$$

其中，$z_{ij}=x'_{ij}w_j(1, 2, 3, \cdots, n, j=1, 2, 3, \cdots, p)$。

(3)确定矩阵 Z 的正理想解向量 Z^+ 和负理想解向量 Z^-：

$$Z_j^+ = \max\{z_{1j}, z_{2j}, z_{3j}, z_{nj}\} \tag{6-7}$$

$$Z_j^- = \min\{z_{1j}, z_{2j}, z_{3j}, z_{nj}\} \tag{6-8}$$

$(j=1, 2, 3, \cdots, p)$

(4)计算各评价单元与正理想解和负理想解的距离：

$$D_i^+ = \sqrt{\sum_{j=1}^{p}(z_{ij}-Z_j^+)^2} \tag{6-9}$$

$$D_i^- = \sqrt{\sum_{j=1}^{p}(z_{ij}-Z_j^-)^2} \tag{6-10}$$

$(1, 2, 3, \cdots, n, j=1, 2, 3, \cdots, p)$

(5)计算各评价单元与最优值的相对接近度 C_i：

$$C_i=\frac{D_i^-}{D_i^+ + D_i^-}\times 100 \tag{6-11}$$

$(1, 2, 3, \cdots, n)$

根据相对接近度 C_i 对评价对象进行排序，C_i 值越大，表明该评价对象的水平越高；反之，C_i 值越小，表明该评价对象的水平越低。

二　聚类分析法

聚类分析法（Cluster Analysis)，也称为群分析或点群分析法，是根据样品（变量）或指标的特性，将具有相似特征的归为一类的一种多元分类统计分析方法。根据对变量聚类还是对样品聚类，聚类分析可分为 R 型聚类和 Q 型聚类，其中，R 型聚类是对变量进行聚类，通常是数据中的列分类，Q 型聚类是对样品（或观测值）进行聚类，通常是数据中的行分类。与其他分类方法相比，聚类分析最大优点在于不必事先就得知道分类对象的结构，而是从一批样品的多个观测指标中，找出能度量样品间或指标（变量）间相似程度或亲疏关系的统计量，构成一个对称相似性矩阵，并按照相似程度的大小，把样品或变量进行归类。[①] 常用的聚类分析法主要有系统聚类法（又称层次聚类法）、K 均值聚类法（又称快速聚类法）和两步法聚类三种。本书进行聚类分析采用的是 K 均值聚类法，因而下面将着重介绍该方法。

快速聚类分析法（K - means cluster），也称 K 均值法，是 1967 年麦克奎恩（MacQueen）提出的，属于动态聚类、Q 型聚类分析方法中的一种，也是聚类分析中使用较广的一种分析方法。从统计学角度看，快速聚类过程是寻找初始分类的有效方法，采用的算法是最小化与类均值间距离平方和的标准迭代算法，旨在实现大样本书件的不相交分类。其基本思路是通过设置 K 个类的初始类中心点，计算所有样本数据点到 K 个类中心点的距离，按照距离最短的原则，将所有样本分派到各中心点所在的类中，形成一个新的 K 类，完成一次迭代过程。在下一次迭代过程中，重新计算 K 个类的类中心点，重复上述过程，直到达到指定的迭代次数或达到终止迭代的判断要求为止。具体计算步骤如下：[②]

第一步，确定 K 个凝聚点作为 K 个类的凝聚中心。

第二步，计算每个观测点（样品观测值）到各凝聚中心的距离（欧氏距离），并按照聚类最近原则进行归类。

第三步，所有观测点分配完成后，重新计算该类中心作为新的凝聚中心。

第四步，若新一次分类结果与上一次分类结果相同，则意味着聚类过程结束；否则，重复步骤第二步、第三步，进行再次聚类。最终的分类由分配每一个观测点到最近凝聚点而形成的。

由此可见，快速聚类是一个反复迭代的分类过程，在聚类过程中，样本所属的类会不断调整，直到最终达到稳定为止。

---

① 李洪成、姜宏华：《SPSS 数据分析教程》，人民邮电出版社 2012 年版，第 229—239 页。

② 朱杰、秦惠林、刘军：《多元数据分析方法及应用》，兵器工业出版社 2009 年版，第 105—108 页。

三　相关分析法

变量间的数量关系可分为函数关系和相关关系两种，其中，函数关系是一种严格的确定关系，必须是一种引起与被引起关系；而相关分析则是一种不确定关系，即一变量的变化对另一变量变化的相联系程度。按照变量的个数，相关关系可分为单相关和复相关，其中单相关也称为一元相关，表示两个变量之间的相关关系，复相关也称为多元相关，则是表示两个以上变量之间的相关关系。相关分析可以通过相关系数的取值，确定变量间相关关系的方向和程度，还可以衡量回归估计的精确程度，加之其对数据的要求不高，不受变量值水平和计量单位的影响，现被广泛应用于经济管理统计之中。[①]

相关系数是衡量两个变量之间的相关关系密切程度的量化指标。计算相关系数的方法常用的有三种：皮尔逊（Pearson）相关、斯皮尔曼（Spearman）相关和肯德尔（Kendall）相关，本书则选用的是皮尔逊相关。皮尔逊相关是1890年由英国统计学家卡尔·皮尔逊提出的，皮尔逊相关系数也称为乘积矩相关系数、线性相关系数或简单相关系数，非常适合用于分析联系性变量或等间隔测度变量。

具体计算公式为：

$$r = \frac{\sum (x - \bar{x}) \sum (y - \bar{y})}{\sqrt{\sum (x - \bar{x})^2 \sum (y - \bar{y})^2}}$$

$$= \frac{\sum xy - \frac{1}{n} \sum x \sum y}{\sqrt{\left[\sum x^2 - \frac{1}{n}(\sum x)^2 \right] \left[\sum y^2 - \frac{1}{n}(\sum y)^2 \right]}} \qquad (6-12)$$

其中，r 表示相关系数，x、y 分别表示两变量，$\bar{x}$、$\bar{y}$ 分别代表两个变量数列的均值。

由式（6－2）可知，相关系数 r 的取值范围为［－1—1］，即 $|r| \leq 1$，具体来说：

（1）若 $-1 \leq r < 0$，则表示变量 x、y 之间为线性负相关关系；若

① 卢冶飞、孙忠宝：《应用统计学》，清华大学出版社2012年版，第209—214页。

$0 < r \leqslant 1$，则表示变量 x、y 之间为线性正相关关系；

（2）若 $r = 0$，则表示两变量之间不存在线性相关关系；

（3）若 $|r| = 1$，则表示两变量之间存在完全线性相关关系，即确定的函数关系。

至于线性相关程度，则可以进一步表述为：

$0 < |r| \leqslant 0.3$，两变量之间微弱相关；

$0.3 < |r| \leqslant 0.5$，两变量之间为低度相关；

$0.5 < |r| \leqslant 0.8$，两变量之间为显著相关；

$0.8 < |r| \leqslant 1$，两变量之间为高度相关。

这表明，相关系数绝对值越大，两变量之间相关程度越紧密。

四　描述性统计变量

通常情况下，一般采用全距、均差、标准差和变异系数指标进行描述性统计，因而有必要先对这四个统计量进行简单描述和说明①：

全距（记为 r），也称为极差，表示总体各单位标志值中最大值与最小值之差。越大，说明总体各单位标志值的差异越大；反之就越小。但全距只能反映两个极端标志值的变异范围，并不能全面反映各单位标志值的变异程度。

均差（记为 $\bar{x}$），也称为平均差，表示总体各单位的标志值与其算数平均数的离差绝对值的算数平均数。均差越大，表明各标志值与算术平均数的差异程度越大，该算术平均数的代表性就越小；反之就越大。

标准差（记为 σ），也称为均方差，是测定标志变动度的最主要指标，表示总体各单位的标志值对算数平均数离差的平方。标准差越大，则表明总体样本的变异程度越大；反之就越小。

全距、均差、标准差是反映总体各单位标志值变异的绝对指标，能用于相同水平的变量数列之间标志变异程度，但要比较不同水平的

---

① 李友俊、李丽萍、孙菲：《统计学》第二版，石油工业出版社2013年版，第51—57页。

变量数列的离散程度，则需要通过变异系数来描述。变异系数（记为 V_σ），也称为离散系数，是变异指标与算数平均数的比值，既可以用来描述不同现象总体同一标志的变异，又可以用来描述同一总体不同标志的变异。具体计算公式为：

$$V_\sigma = \frac{\sigma}{\bar{x}} \times 100\% \quad (6-13)$$

其中，σ 为标准差，$\bar{x}$ 为平均差。变异系数越小，说明平均数的代表性越大，总体各样本变异程度就越小；反之就越大。

第三节　一级指数测算与分析

一　社会保障治理指数测算与分析

根据设计的指标体系及测度方法，借助 SPSS、Eviews 等软件，经过精确计算，2011 年全国 30 个省（市、自治区）社会保障治理指数及排序结果如表 6－1 所示。

表 6－1　2011 年 30 个省（市、自治区）社会保障治理指数测算及排序

地区	社会保障治理指数	排名	地区	社会保障治理指数	排名
青　海	69.74	1	海　南	24.49	16
上　海	52.85	2	陕　西	24.48	17
北　京	48.25	3	湖　南	24.47	18
辽　宁	46.95	4	黑龙江	24.16	19
重　庆	36.74	5	湖　北	23.35	20
内蒙古	36.40	6	贵　州	21.78	21
天　津	31.35	7	山　东	20.71	22
宁　夏	31.15	8	山　西	20.39	23
吉　林	30.99	9	河　南	18.63	24

续表

地区	社会保障治理指数	排名	地区	社会保障治理指数	排名
甘　肃	27.62	10	安　徽	17.67	25
江　苏	26.42	11	江　西	17.33	26
浙　江	26.23	12	河　北	16.17	27
云　南	25.23	13	广　西	14.10	28
四　川	25.06	14	福　建	12.03	29
新　疆	24.93	15	广　东	9.92	30

从表6－1可以看出，2011年全国30个省（市、自治区）的社会保障治理指数值呈现出较大的差异，尤其是得分最高的青海、上海、北京与广西、福建、广东的差别非常大，因而有必要对社会保障治理指数值进行统计分析。

从表6－2的描述性统计量来看，2011年全国30个省（市、自治区）的社会保障治理指数值的平均值较小，仅有27.65，但其极值差距非常大，标准差和变异系数也很大。这表明从变量值来看，2011年我国省份社会保障治理总体水平较低，且省份间的差异非常明显。

表6－2　　　　社会保障治理指数的描述性统计

统计量	极大值	极小值	全距	均值	标准差	变异系数
变量值	69.74	9.92	59.82	27.65	12.84	46.44

为了更好地对省份社会保障治理水平的差异性特征进行研究，依据2011年全国30个省（市、自治区）社会保障治理指数值，借助SPSS、Eviews软件，采用快速聚类法对社会保障治理指数进行聚类分析。聚类分析结果见表6－3。

表 6－3　　社会保障治理指数聚类分析

地区	社会保障治理指数	聚类类别	聚类距离	地区	社会保障治理指数	聚类类别	聚类距离
青　海	69.74	1	0.0000	海　南	24.49	4	3.1988
上　海	52.85	2	3.4983	陕　西	24.48	4	3.2135
北　京	48.25	2	1.0960	湖　南	24.47	4	3.2236
辽　宁	46.95	2	2.4023	黑龙江	24.16	4	3.5324
重　庆	36.74	4	9.0532	湖　北	23.35	4	4.3455
内蒙古	36.40	4	8.7097	贵　州	21.78	3	4.9086
天　津	31.35	4	3.6616	山　东	20.71	3	3.8400
宁　夏	31.15	4	3.4541	山　西	20.39	3	3.5124
吉　林	30.99	4	3.2941	河　南	18.63	3	1.7548
甘　肃	27.62	4	0.0756	安　徽	17.67	3	0.7967
江　苏	26.42	4	1.2717	江　西	17.33	3	0.4554
浙　江	26.23	4	1.4596	河　北	16.17	3	0.7035
云　南	25.23	4	2.4628	广　西	14.10	3	2.7718
四　川	25.06	4	2.6289	福　建	12.03	3	4.8430
新　疆	24.93	4	2.7602	广　东	9.92	3	6.9498

根据上述聚类分析结果，依据社会保障治理指数值，可将 2011 年全国 30 个省（市、自治区）社会保障治理水平划分为以下三个区域等级。如表 6－4 所示。

依据表 6－3 和表 6－4 的分析结果，2011 年全国 30 个省（市、自治区）社会保障治理水平可具体划分为以下三个区域等级：

表 6－4　　2011 年社会保障治理水平的区域等级划分

层级	总体特征	省份分布
区域等级 Ⅰ	社会保障治理水平较高	东部（3 个）：上海、北京、辽宁（占总体的 27.27%） 中部（0 个） 西部（1 个）：青海（占总体的 9.09%）

续表

层级	总体特征	省份分布
区域等级Ⅱ	社会保障治理水平一般	东部（4个）：天津、江苏、浙江、海南（占总体的36.37%） 中部（4个）：吉林、湖南、黑龙江、湖北（占总体的50.00%） 西部（8个）：重庆、内蒙古、宁夏、甘肃、云南、四川、新疆、陕西（占总体的72.73%）
区域等级Ⅲ	社会保障治理水平较低	东部（4个）：山东、河北、福建、广东（占总体的36.37%） 中部（4个）：山西、河南、安徽、江西（占总体的50.00%） 西部（2个）：贵州、广西（占总体的18.18%）

注：按照国家对东部、中部、西部三大区域的划分，占总体的比重表示每一区域等级省份占各自区域省份总数的比重。

区域等级Ⅰ：社会保障治理水平较高，这一区域等级内主要包括北京、上海、辽宁和青海四地，其中北京、上海和辽宁是我国东部沿海发达省（市），经济基础较好，地区综合发展较强，财政规模较大，对社会保障治理的投入也相对较多，因而衡量社会保障治理水平的大部分指标值较高，社会保障治理水平也自然较高；而青海是西部欠发达省份，经济基础较薄弱，地区综合发展实力也不强，财政规模较小，社会保障相关投入也很有限，但其凭借较少的人口规模，以及较高的社会救济综合覆盖率而跻身于社会保障治理水平较高区域。

区域等级Ⅱ：社会保障治理水平一般，这一区域等级内主要包括天津、江苏、浙江、海南、吉林、湖南、黑龙江、湖北、重庆、内蒙古、宁夏、甘肃、云南、四川、新疆、陕西16个省份。其中天津、江苏、浙江三地不论是经济发展水平、地区综合发展能力，还是财政规模、社会保障相关投入，都比较靠前，但这三地均是我国流动人口流入的主要区域之一，大量的流动人口分享一定的社会保障投入，致使人均指标处于中间状态，社会保障治理水平也处于一般水平；海南、吉林、湖南、黑龙江、湖北、重庆等地不论是经济发展水平、地区综合发展能力，还是财政规模、社会保障相关投入，均处于中间状态，社会保障治理水平处于一般水平在情理之中；而剩余省（自治区）则是我国西部欠发达省份，经济基础较为薄弱，地区综合发展能力较差，社会保障相关投入较小，但由于其在某些指标值上的优势，而跻身于第二集团中，如内蒙古、宁夏、甘肃三地人均社会保障投入水平较高。

区域等级Ⅲ：社会保障治理水平较低，这一区域等级内主要包括山东、河北、福建、广东、山西、河南、安徽、江西、贵州、广西10个省份。其中山东、福建和广东一直是我国沿海发达省份，不论是经济发展水平，还是地区综合发展能力，均比较高，也是我国流动人口流入的主要地区，但庞大的人口基数，加上数量惊人的流动人口，致使人均社会保障治理水平远远低于其他发达省份，甚至低于大部分中西部省份，如2011年广东户籍人口为8637.19万人，而常住人口数高达10505万，相差1867.81万人①，庞大的流动人口分享了社会保障相关资源，致使广东社会保障治理水平较低，山东和福建也面临着同样的问题；河北、山西、河南、安徽、江西等地经济基础薄弱，地区综合发展能力较差，社会保障相关投入也十分有限，大部分指标值都比较靠后，社会保障治理水平较低也在情理之中；而贵州和广西两地是我国西部不发达省份，经济基础非常薄弱，地区综合发展能力不强，社会保障相关投入较少，社会保障治理水平自然也不高。

从图6-1可以看出，东部、中部、西部三大区域间社会保障治理水平的差异也较大，具体表现为：东部地区大部分省份处于区域等级Ⅰ，即社会保障治理水平较高，西部地区大部分省份处于区域等级Ⅱ，即社会保障治理水平一般，而中部地区有一半省份处于区域等级Ⅲ，即社会保障治理水平较低。这反映出，2011年我国三大区域社会保障治理水平表现出较大差异，呈现出广口U形，即社会保障治理水

① 以上数据来源于《中国统计年鉴》(2012)。

平东部地区远高于西部地区，西部地区略高于中部地区。

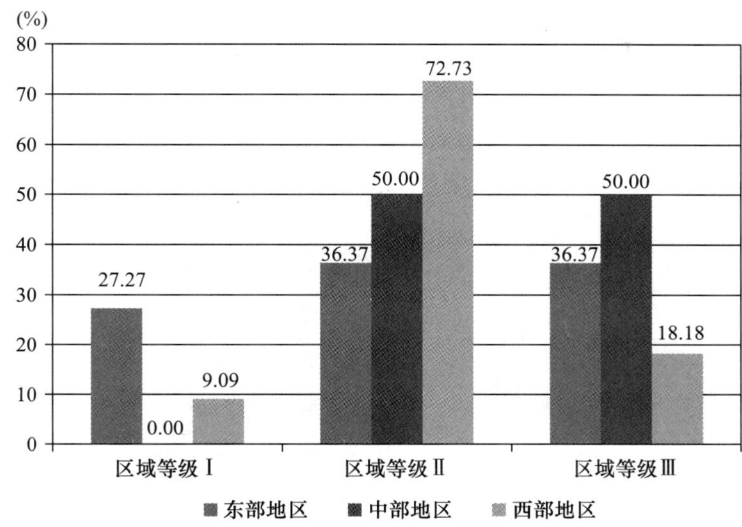

图 6－1　社会保障治理水平区域等级划分比重

二　社会安全治理指数测算与分析

根据设计的指标体系及测度方法，借助 SPSS、Eviews 等软件，经过精确计算，2011 年全国 30 个省（市、自治区）社会安全治理指数及排序结果如表 6－5 所示。

从表 6－5 可以看出，2011 年全国 30 个省（市、自治区）的社会安全治理指数值总体水平不高，最高的也刚刚超过 50，最低低至 15.09，且省际差异非常大，因而有必要对社会安全治理指数值进行统计分析。

表 6－5　2011 年 30 个省（市、自治区）社会安全治理指数测算及排序

地区	社会安全治理指数	排名	地区	社会安全治理指数	排名
浙　江	50.64	1	河　北	26.62	16

续表

地区	社会安全治理指数	排名	地区	社会安全治理指数	排名
北　京	47.26	2	重　庆	26.57	17
上　海	45.82	3	青　海	26.50	18
天　津	42.12	4	湖　南	25.15	19
贵　州	41.76	5	江　西	24.92	20
云　南	39.76	6	内蒙古	24.63	21
广　东	39.22	7	辽　宁	24.55	22
河　南	33.27	8	四　川	22.04	23
甘　肃	32.80	9	宁　夏	21.75	24
广　西	31.87	10	福　建	20.26	25
江　苏	31.11	11	湖　北	19.03	26
山　东	30.82	12	吉　林	18.91	27
海　南	30.43	13	安　徽	17.31	28
新　疆	28.67	14	陕　西	15.84	29
黑龙江	27.03	15	山　西	15.09	30

从表6－6的描述性统计量来看，2011年全国30个省（市、自治区）的社会安全治理指数值的平均值较小，仅有29.39，与社会保障治理指数值均差相持平，但其极值差距也较大，标准差和变异系数也较大，略低于社会保障治理指数。这表明从变量值来看，2011年，我国省份社会安全治理总体水平较低，且省份间的差异较明显。

表6－6　　　　社会安全治理指数的描述性统计

统计量	极大值	极小值	全距	均值	标准差	变异系数
变量值	50.64	15.09	35.55	29.39	9.58	32.60

为了更好地对省份社会安全治理水平的差异性特征进行研究，依据2011年全国30个省（市、自治区）社会安全治理指数值，借助SPSS、Eviews软件，采用快速聚类法对社会安全治理指数进行聚类分析。聚类分析结果见表6－7。

表6－7　　社会安全治理指数聚类分析

地区	社会安全治理指数	聚类类别	聚类距离	地区	社会安全治理指数	聚类类别	聚类距离
浙　江	50.64	1	6.8418	河　北	26.62	3	2.9865
北　京	47.26	1	3.4635	重　庆	26.57	3	3.0426
上　海	45.82	1	2.0263	青　海	26.50	3	3.1037
天　津	42.12	1	1.6755	湖　南	25.15	2	4.3650
贵　州	41.76	1	2.0405	江　西	24.92	2	4.1305
云　南	39.76	1	4.0372	内蒙古	24.63	2	3.8365
广　东	39.22	1	4.5784	辽　宁	24.55	2	3.7648
河　南	33.27	3	3.6616	四　川	22.04	2	1.2482
甘　肃	32.80	3	3.1877	宁　夏	21.75	2	0.9650
广　西	31.87	3	2.2642	福　建	20.26	2	0.5265
江　苏	31.11	3	1.5015	湖　北	19.03	2	1.7641
山　东	30.82	3	1.2094	吉　林	18.91	2	1.8821
海　南	30.43	3	0.8250	安　徽	17.31	2	3.4836
新　疆	28.67	3	0.9355	陕　西	15.84	2	4.9525
黑龙江	27.03	3	2.5810	山　西	15.09	2	5.7011

根据上述聚类分析的结果，依据社会安全治理指数值，可将2011年全国30个省（市、自治区）社会安全治理水平划分为以下三个区域等级。如表6－8所示。

表 6－8　　2011 年社会安全治理水平的区域等级划分

层级	总体特征	省份分布
区域等级Ⅰ	社会安全治理水平较高	东部（5 个）：浙江、北京、上海、天津、广东（占总体的 45.45%） 中部（0 个） 西部（2 个）：贵州、云南（占总体的 18.18%）
区域等级Ⅱ	社会安全治理水平一般	东部（4 个）：江苏、山东、海南、河北（占总体的 36.37%） 中部（2 个）：河南、黑龙江（占总体的 25.00%） 西部（5 个）：甘肃、广西、新疆 重庆、青海（占总体的 45.45%）
区域等级Ⅲ	社会安全治理水平较低	东部（2 个）：辽宁、福建（占总体的 18.18%） 中部（6 个）：湖南、江西、湖北、吉林、 安徽、山西（占总体的 75.00%） 西部（4 个）：内蒙古、四川、宁夏、陕西（占总体的 36.36%）

注：按照国家对东部、中部和西部三大区域的划分，占总体的比重表示每一区域等级省份占各自区域省份总数的比重。

依据表 6－7、表 6－8 的分析结果，2011 年全国 30 个省（市、自治区）社会安全治理水平具体可划分为以下三个区域等级：

区域等级Ⅰ：社会安全治理水平较高，这一区域等级内主要包括浙江、北京、上海、天津、广东、贵州和云南。其中北京、上海、天津、广东是我国东部沿海发达省份，经济基础较好，地区综合发展较强，财政规模较大，用于社会安全治理的不论是人员、机构投入，还是相关经费投入，都处于一个较高水平，因而社会安全治理水平也相对较高；而贵州和云南虽然是西部欠发达省份，经济基础较薄弱，地区综合发展实力也不强，财政规模较小，社会安全治理相关投入也很有限，但其凭借较少的人口规模，以及较低火灾事故率和交通事故率，从而较大程度地保障了居民的生活和交通安全，致使社会安全治理水平相对较高。

区域等级Ⅱ：社会安全治理水平一般，这一区域等级内主要包括江苏、山东、海南、河北、河南、黑龙江、甘肃、广西、新疆、重庆和青海。其中江苏和山东两省不论是经济发展水平、地区综合发展能力，还是财政规模、社会安全治理相关投入，都比较靠前，但这两地均是我国流动人口流入的主要区域之一，大量的流动人口分享一定的社会安全治理投入，致使人均指标处于中间状态，社会安全治理水平也处于一般水平；海南、河北、河南、黑龙江、重庆等地不论是经济发展水平、地区综合发展能力，还是财政规模、社会安全治理相关投入，均处于中间状态，社会安全治理水平处于一般水平在情理之中；而其余省份则是我国西部欠发达省份，经济基础较为薄弱，地区综合发展能力较差，社会安全治理相关投入较小，但由于其在某些指标值上的优势，而跻身于第二集团中，如广西、甘肃两个省份火灾事故率和交通事故率均比较低，青海、新疆两个省份人均社会安全治理投入水平较高。

区域等级Ⅲ：社会安全治理水平较低，这一区域等级内主要包括辽宁、福建、湖南、江西、湖北、吉林、安徽、山西、内蒙古、四川、宁夏和陕西。其中辽宁、福建一直是我国沿海发达省份，无论是经济发展水平，还是地区综合发展能力，均比较高，但 2011 年福建和辽宁的刑事案件发案率较高，福建的交通事故率也较高，致使福建和辽宁的社会安全治理水平较低；湖南、江西、湖北、吉林、安徽、山西等地经济基础较弱，地区综合发展能力较差，社会安全治理相关投入也十分有限，大部分指标值都比较靠后，社会安全治理水平就较低；而内蒙古、四川、宁夏和陕西是我国西部不发达省份，经济基础非常薄弱，地区综合发展能力不强，社会安全治理相关投入较少，社会安全治理水平也就不高。

从图 6 -2 可以看出，2011 年东部、中部和西部三大区域间社会安全治理水平呈现出以下特征：接近半数的东部地区处于区域等级Ⅰ，即社会安全治理水平较高区域；中部地区 3/4 的省份处于区域等级Ⅲ，即社会安全治理水平较低区域；西部地区则主要处于区域等级Ⅱ，即社会安全治理水平一般区域。这反映出，2011 年我国三大区域社会安全治理水平呈现出广口 U 形，即社会安全治理水平东部地区远高于西部地区，西部地区略高于中部地区。

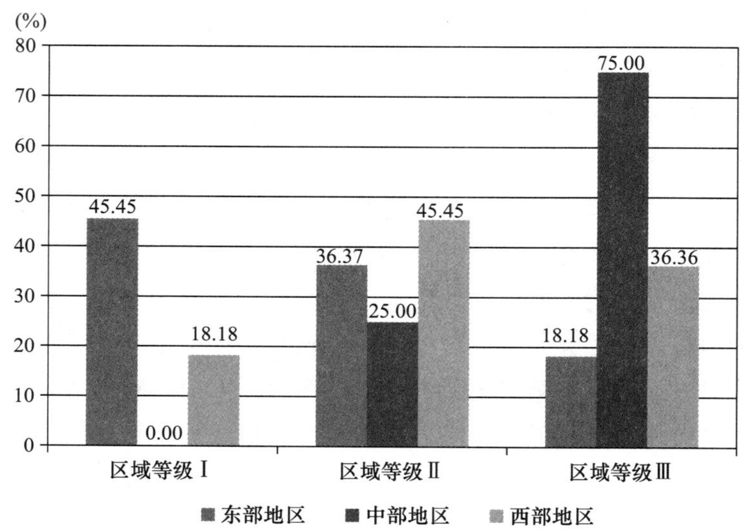

图 6－2　社会安全治理水平区域等级划分比重

三　公共服务治理指数测算与分析

根据设计的指标体系及测度方法，借助 SPSS、Eviews 等软件，经过精确计算，2011 年全国 30 个省（市、自治区）公共服务治理指数及排序结果如表 6－9 所示。

表 6－9　2011 年 30 个省（市、自治区）公共服务治理指数测算及排序

地区	公共服务治理指数	排名	地区	公共服务治理指数	排名
宁　夏	66.97	1	山　东	23.44	16
北　京	52.47	2	重　庆	21.62	17

续表

地区	公共服务治理指数	排名	地区	公共服务治理指数	排名
青　海	48.28	3	黑龙江	21.51	18
上　海	47.44	4	江　西	21.19	19
天　津	42.40	5	福　建	19.86	20
新　疆	31.58	6	广　东	19.36	21
内蒙古	30.95	7	云　南	19.00	22
陕　西	28.85	8	四　川	18.80	23
江　苏	27.74	9	河　北	18.14	24
山　西	26.60	10	安　徽	17.89	25
辽　宁	26.07	11	湖　南	17.17	26
吉　林	25.44	12	河　南	16.24	27
海　南	24.99	13	贵　州	14.68	28
甘　肃	23.84	14	湖　北	14.60	29
浙　江	23.62	15	广　西	14.39	30

从表6－9可以看出，2011年全国30个省（市、自治区）的公共服务治理指数值总体水平不高，得分超过50的仅有宁夏和北京两地，而得分低于15的有贵州、湖北和广西三地，省份间差异非常明显，因而有必要对公共服务治理指数值进行统计分析。

从表6－10的描述性统计量来看，2011年全国30个省（市、自治区）的公共服务治理指数值的平均值仍然较小，仅有26.83，低于社会安全治理指数；且其极值差距高达52.58，标准差和变异系数也很大，均高于社会安全治理指数。这表明从变量值来看，2011年我国省份公共服务治理总体水平较低，且省份间的差异较明显。

表6－10　　　　公共服务治理指数的描述性统计

统计量	极大值	极小值	全距	均值	标准差	变异系数
变量值	66.97	14.39	52.58	26.83	12.60	46.96

为了更好地对省份公共服务治理水平的差异性特征进行研究，依据2011年全国30个省（市、自治区）公共服务治理指数值，借助SPSS、Eviews软件，采用快速聚类法对公共服务治理指数进行聚类分析。聚类分析结果见表6-11。

表6-11　　公共服务治理指数聚类分析

地区	公共服务治理指数	聚类类别	聚类距离	地区	公共服务治理指数	聚类类别	聚类距离
宁　夏	66.97	1	0.0000	山　东	23.44	4	3.2073
北　京	52.47	2	4.8225	重　庆	21.62	3	3.4450
青　海	48.28	2	0.6325	黑龙江	21.51	3	3.3350
上　海	47.44	2	0.2075	江　西	21.19	3	3.0150
天　津	42.40	2	5.2475	福　建	19.86	3	1.6850
新　疆	31.58	4	4.9327	广　东	19.36	3	1.1850
内蒙古	30.95	4	4.3027	云　南	19.00	3	0.8250
陕　西	28.85	4	2.2027	四　川	18.80	3	0.6250
江　苏	27.74	4	1.0927	河　北	18.14	3	0.0350
山　西	26.60	4	0.0473	安　徽	17.89	3	0.2850
辽　宁	26.07	4	0.5773	湖　南	17.17	3	1.0050
吉　林	25.44	4	1.2073	河　南	16.24	3	1.9350
海　南	24.99	4	1.6573	贵　州	14.68	3	3.4950
甘　肃	23.84	4	2.8073	湖　北	14.60	3	3.5750
浙　江	23.62	4	3.0273	广　西	14.39	3	3.7850

根据上述聚类分析的结果，依据公共服务治理指数值，可将2011年全国30个省（市、自治区）公共服务治理水平划分为以下三个区域等级。如表6-12所示。

依据表6-11和表6-12的分析结果，2011年全国30个省（市、自治区）公共服务治理水平具体可划分为以下三个区域等级：

表 6－12　　　2011 年公共服务治理水平的区域等级划分

层级	总体特征	省份分布
区域等级Ⅰ	公共服务治理水平较高	东部（3 个）：北京、上海、天津（占总体的 27.27%） 中部（0 个） 西部（2 个）：宁夏、青海（占总体的 18.18%）
区域等级Ⅱ	公共服务治理水平一般	东部（5 个）：江苏、辽宁、海南、浙江、山东（占总体的 45.45%） 中部（2 个）：山西、吉林（占总体的 25.00%） 西部（4 个）：新疆、内蒙古、陕西、甘肃（占总体的 36.36%）
区域等级Ⅲ	公共服务治理水平较低	东部（3 个）：福建、广东、河北（占总体的 27.27%） 中部（6 个）：黑龙江、江西、安徽、湖南、河南、湖北（占总体的 75.00%） 西部（5 个）：重庆、云南、四川、贵州、广西（占总体的 45.45%）

注：按照国家对东部、中部和西部三大区域的划分，占总体的比重表示每一区域等级省份占各自区域省份总数的比重。

区域等级Ⅰ：公共服务治理水平较高，这一区域等级内主要包括北京、上海、天津、宁夏和青海。其中，北京、上海、天津的公共服务治理水平较高的原因与上述原因大致相同，即它们是我国东部沿海发达省（市），经济基础较好，地区综合发展较强，公共服务的人、财、物投入较大，公共服务供给不论是规模，还是质量都相对较高，因而其公共服务治理水平也较高；而宁夏和青海，作为我国西部欠发达省份，经济基础较薄弱，地区综合发展实力也不强，财政投入也远不及其他东中部省份，但其凭借较少的人口规模，在人均公共服务投入，以及人均机构、人员投入方面都表现出较高水平，而使得其公共服务治理水平跻身第一集团。可见人口规模也是影响社会治理水平的一个重要因素，适度控制人口规模对提高社会治理水平是非常有必要的。

区域等级Ⅱ：公共服务治理水平一般，这一区域等级内主要包括江苏、辽宁、海南、浙江、山东、山西、吉林、新疆、内蒙古、陕西、甘肃。公共服务供给的规模和质量是衡量公共服务治理水平的重要指标之一，而一地区的公共服务供给规模和质量与人口规模息息相关。江苏、辽宁、浙江、山东是我国经济基础较好、地区综合发展能力较强的东部沿海省份，其用于公共服务治理的，不论是经费投入，还是人员和机构的投入，都处于一个较高的水平，但上述四省作为我国人口流入地，大量的外来流动人口，加上规模不小的人口基数，致使绝对指标靠前，人均指标相对靠后的倒挂局面，从而影响到公共服务治理的水平；海南、山西、吉林、新疆、内蒙古、陕西等省份不论是经济发展水平、地区综合发展能力，还是财政规模、公共服务治理相关投入水平，均处于中间状态，公共服务治理水平处于一般水平也在情理之中；而甘肃是典型的西部欠发达省份，经济基础较为薄弱，地区综合发展能力较差，公共服务治理相关投入并不大，但由于其在某些指标值上的优势，而跻身于第二集团中，如公共教育治理水平、公共医疗卫生机构投入水平、公共就业治理水平，等等。

区域等级Ⅲ：公共服务治理水平较低，这一区域等级内主要包括福建、广东、河北、黑龙江、江西、安徽、河南、湖南、湖北、重庆、云南、四川、贵州和广西。其中福建和广东处于劣势集团的原因与上述原因基本一致，即福建和广东中小企业密集，是我国流动人口最为集中的两个省份，尤其是广东，其外来人口高达1800多万，庞大的流动人口分享了有限公共服务资源，致使公共服务治理水平较低；而河北、黑龙江、江西、安徽、河南、湖南、湖北、重庆等省份无论是经济基础、地区综合发展能力，还是财政投入规模，均处于中间水平，但由于其在某些方面存在“短板”，致使整体水平的评价下降到第三集团，如河北、黑龙江、安徽、河南、湖北、湖南等地人均公共服务治理投入水平较低，均处于后7名，江西公共服务治理机构投入水平较低，重庆则是在公共医疗卫生医疗方面投入水平较低；云南、四川、贵州和广西等地经济基础较弱，地区综合发展能力较差，不论是公共服务供给的规模，还是质量，都有待提升，公共服务治理水平较低也在情理之中。

从图6－3可以看出，2011年东部、中部、西部三大区域间公共服务治理水平的广口U形特征表现得更为明显，即东部地区高于西部地区，西部地区高于中部地区。具体来说，东部地区绝大部分省份处于区域等级Ⅰ、等级Ⅱ；中部地区全部处于后两个区域等级，其中，3/4处于最低区域等级，即水平较低；而西部地区则相对均衡分布在区域等级Ⅱ、等级Ⅲ。这表明，三大区域间公共服务治理水平呈现出东部高、西部次之、中部低的特征，即广口U形特征。

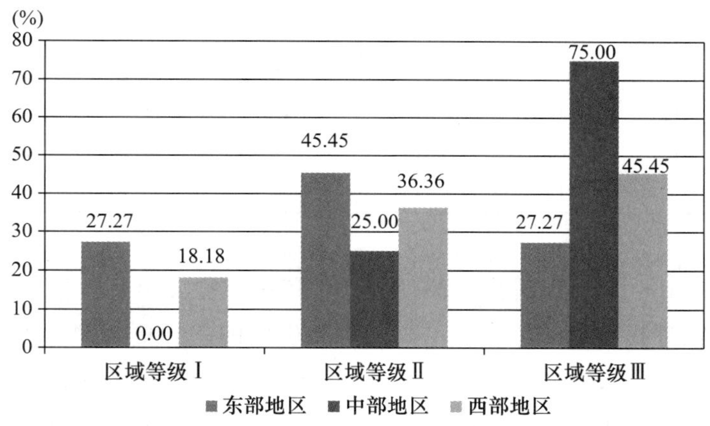

图6－3　公共服务治理水平区域等级划分比重

四　社会参与治理指数测算与分析

根据设计的指标体系及测度方法，借助SPSS、Eviews等软件，经过精确计算，2011年全国30个省（市、自治区）社会参与治理指数及排序结果如表6－13所示。

表6－13　2011年30个省（市、自治区）社会参与治理指数测算及排序

地区	社会参与治理指数	排名	地区	社会参与治理指数	排名
北　京	86.39	1	四　川	15.86	16
浙　江	61.69	2	甘　肃	15.65	17

续表

地区	社会参与治理指数	排名	地区	社会参与治理指数	排名
江　苏	59. 23	3	河　北	15. 48	18
上　海	55. 06	4	青　海	15. 29	19
广　东	45. 26	5	江　西	14. 72	20
山　东	38. 68	6	云　南	14. 56	21
辽　宁	33. 31	7	宁　夏	14. 35	22
天　津	25. 48	8	贵　州	14. 03	23
山　西	24. 12	9	内蒙古	13. 85	24
安　徽	23. 78	10	黑龙江	12. 78	25
湖　南	20. 42	11	广　西	12. 66	26
重　庆	20. 15	12	河　南	11. 83	27
湖　北	19. 18	13	新　疆	11. 74	28
陕　西	17. 82	14	海　南	10. 50	29
福　建	17. 19	15	吉　林	10. 10	30

从表 6 – 13 可以看出，2011 年全国 30 个省（市、自治区）的社会参与治理指数值总体水平不高，且省份间的差异更为明显，如社会参与治理水平最高的北京得分高达 86. 39 分，而较低的海南和吉林得分才刚刚超过 10 分，差距非常明显。因而有必要对社会参与治理指数值进行统计分析。

从表 6 – 14 的描述性统计量来看，与其他指数相比，2011 年全国 30 个省（市、自治区）的社会参与治理指数值的平均值最小，仅有 25. 04，但全距、标准差和变异系数均远高于其他三类指数值。这表明，相比较而言，2011 年我国省份社会参与治理总体水平最低，且省份间差异特征十分明显。

表 6 – 14　　　　社会参与治理指数的描述性统计

统计量	极大值	极小值	全距	均值	标准差	变异系数
变量值	86. 39	10. 10	76. 29	25. 04	18. 63	74. 40

为了更好地对省份社会参与治理水平的差异性特征进行研究，依据2011年全国30个省（市、自治区）社会参与治理指数值，借助SPSS、Eviews软件，采用快速聚类法对社会参与治理指数进行聚类分析。聚类分析结果见表6－15。

表6－15　社会参与治理指数聚类分析

地区	社会参与治理指数	聚类类别	聚类距离	地区	社会参与治理指数	聚类类别	聚类距离
北　京	86.39	1	0.0000	四　川	15.86	4	0.9520
浙　江	61.69	2	6.3800	甘　肃	15.65	4	0.7420
江　苏	59.23	2	3.9200	河　北	15.48	4	0.5720
上　海	55.06	2	0.2500	青　海	15.29	4	0.3820
广　东	45.26	2	10.0500	江　西	14.72	4	0.1880
山　东	38.68	3	9.6060	云　南	14.56	4	0.3480
辽　宁	33.31	3	4.2360	宁　夏	14.35	4	0.5580
天　津	25.48	3	3.5940	贵　州	14.03	4	0.8780
山　西	24.12	3	4.9540	内蒙古	13.85	4	1.0580
安　徽	23.78	3	5.2940	黑龙江	12.78	4	2.1280
湖　南	20.42	4	5.5120	广　西	12.66	4	2.2480
重　庆	20.15	4	5.2420	河　南	11.83	4	3.0780
湖　北	19.18	4	4.2720	新　疆	11.74	4	3.1680
陕　西	17.82	4	2.9120	海　南	10.50	4	4.4080
福　建	17.19	4	2.2820	吉　林	10.10	4	4.8080

根据上述聚类分析的结果，依据社会参与治理指数值，可将2011年全国30个省（市、自治区）社会参与治理水平划分为以下三个区域等级（见表6－16）。

表 6－16　　2011 年社会参与治理水平的区域等级划分

层级	总体特征	省份分布
区域等级Ⅰ	社会参与治理水平较高	东部（5 个）：北京、浙江、江苏、上海、广东（占总体的 45.45%） 中部（0 个） 西部（0 个）
区域等级Ⅱ	社会参与治理水平一般	东部（3 个）：山东、辽宁、天津（占总体的 27.27%） 中部（2 个）：山西、安徽（占总体的 25.00%） 西部（0 个）
区域等级Ⅲ	社会参与治理水平较低	东部（3 个）：福建、河北、海南（占总体的 27.27%） 中部（6 个）：湖南、湖北、江西、黑龙江、河南、吉林（占总体的 75.00%） 西部（11 个）：重庆、陕西、四川、甘肃、青海、云南、宁夏、贵州、内蒙古、广西、新疆（占总体的 100.00%）

注：按照国家对东部、中部和西部三大区域的划分，占总体的比重表示每一区域等级省份占各自区域省份总数的比重。

依据表 6－15 和表 6－16 的分析结果，2011 年全国 30 个省（市、自治区）社会参与治理水平可具体划分为以下三个区域等级：

区域等级Ⅰ：社会参与治理水平较高，这一区域等级内主要包括北京、浙江、江苏、上海、广东。与其他方面不同的是，社会参与治理水平不仅受到相关人、财、物投入水平的影响，而且还受到公民意识觉醒和民主参与程度的影响。处于该区域等级的 5 省（市）是我国经济最为发达的 5 个东部省份，不仅社会参与治理的相关投入水平较高，而且上述地区一直是我国民主改革的试验田，公民意识觉醒较早，民主参与程度较高，社会参与治理水平也自然较高。值得一提的是，中西部无一省（市、自治区）跻身于该集团。

区域等级Ⅱ：社会参与治理水平一般，这一区域等级内主要包括山东、辽宁、天津、山西和安徽。其中山东、辽宁和天津社会参与治理水平在全国排名分别为第 6、第 7、第 8 名，处于中偏上水平，但其得分均在 40 分以下，与第一集团的差距还是相对比较明显，因而从全国范围来看，处于中偏上水平也不足为奇；而山西和安徽等地不论是社会参与治理的相关人、财、物投入水平，还是公民意识觉醒、公众参与程度均处于中间水平，尤其是安徽的人均社会组织增加值、山西的人均自治组织增加值水平较高，在一定程度上拉升了其总体水平，因而社会参与治理总体水平处于一般层次的缘由就在此。

区域等级Ⅲ：社会参与治理水平较低，这一区域等级内主要包括福建、河北、海南、湖南、湖北、江西、黑龙江、河南、吉林、重庆、陕西、四川、甘肃、青海、云南、宁夏、贵州、内蒙古、广西和新疆。处于该区域等级的省（市、自治区）高达2/3，这表明我国社会参与治理总体水平非常低，低于其他三类指数。其中作为东南沿海的福建虽然属于区域等级Ⅲ，但其全国排名第15名，处于中游水平，不过同第一、第二集团相比，其得分上的差距十分明显，因而从对比角度来看，其属于该区域等级；湖南、重庆、湖北、陕西、四川、甘肃、河北、青海、江西、云南等地社会参与治理水平分布在第11—21名，处于中间层次，但它们得分与上两类地区相比，差距非常明显，因而整体水平并不高，处于区域等级Ⅲ；而海南、黑龙江、河南、吉林等地社会参与治理的投入水平较低，社会参与治理水平全国排名靠后，大部分指标也较靠后，处于区域等级Ⅲ也在情理之中。

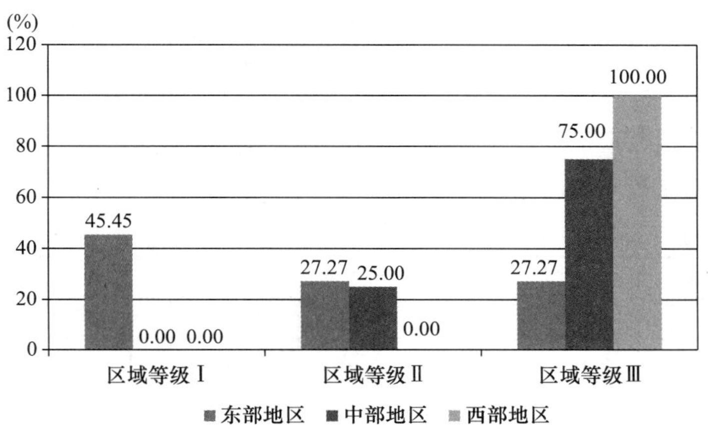

图6－4　社会参与治理水平区域等级划分比重

从图6－4可以看出，2011年东部、中部、西部三大区域间社会参与治理水平呈现出的特征，明显不同于其他三类指数，三大区域间呈现出东中西三级阶梯状特征。具体来说，水平较高的区域等级Ⅰ只有东部省（市），没有中西部省（市、自治区）；区域等级Ⅱ只有东部和中部省（市、自治区），无西部省（市、自治区）；而西部省（市、自治区）全部集中在区域等级Ⅲ，即社会参与治理水平较低区域。这表明，2011年我国三大区域社会参与治理水平，东部地区高于中部地区，中部地区略高于西部地区，三大区域间呈现出三级阶梯状特征。

第四节　社会治理指数测算与分析

一　总体结果测算

根据设计的指标体系及测度方法，借助SPSS、Eviews等软件，经过精确计算，通过对上述四个一级指数的合成计算，2011年全国30个省（市、自治区）社会治理指数及排序结果如表6－17所示。

表6－17　2011年30个省（市、自治区）社会治理指数测算及排名

指数	社会治理指数		一级指标			
			社会保障治理指数	社会安全治理指数	公共服务治理指数	社会参与治理指数
权重	100%		25%	25%	25%	25%
地区	指数值	排名	指数值	指数值	指数值	指数值
北　京	62.85	1	48.25	47.26	52.47	86.39
上　海	52.07	2	52.85	45.82	47.44	55.06
浙　江	48.80	3	26.23	50.64	23.62	61.69
江　苏	45.58	4	26.42	31.11	27.74	59.23
广　东	36.78	5	9.92	39.22	19.36	45.26
青　海	35.09	6	69.74	26.50	48.28	15.29
辽　宁	33.53	7	46.95	24.55	26.07	33.31

续表

指数	社会治理指数		一级指标			
			社会保障治理指数	社会安全治理指数	公共服务治理指数	社会参与治理指数
权重	100%		25%	25%	25%	25%
地区	指数值	排名	指数值	指数值	指数值	指数值
山　东	32.57	8	20.71	30.82	23.44	38.68
天　津	32.55	9	31.35	42.12	42.40	25.48
宁　夏	26.16	10	31.15	21.75	66.97	14.35
云　南	26.04	11	25.23	39.76	19.00	14.56
贵　州	25.98	12	21.78	41.76	14.68	14.03
重　庆	25.24	13	36.74	26.57	21.62	20.15
甘　肃	23.74	14	27.62	32.80	23.84	15.65
内蒙古	22.71	15	36.40	24.63	30.95	13.85
湖　南	22.16	16	24.47	25.15	17.17	20.42
山　西	21.78	17	20.39	15.09	26.60	24.12
河　南	21.30	18	18.63	33.27	16.24	11.83
新　疆	21.17	19	24.93	28.67	31.58	11.74
安　徽	20.81	20	17.67	17.31	17.89	23.78
海　南	20.43	21	24.49	30.43	24.99	10.50
湖　北	19.68	22	23.35	19.03	14.60	19.18
黑龙江	19.67	23	24.16	27.03	21.51	12.78
广　西	19.62	24	14.10	31.87	14.39	12.66
四　川	19.45	25	25.06	22.04	18.80	15.86
陕　西	19.44	26	24.48	15.84	28.85	17.82
河　北	19.14	27	16.17	26.62	18.14	15.48
江　西	18.63	28	17.33	24.92	21.19	14.72
吉　林	18.10	29	30.99	18.91	25.44	10.10
福　建	17.32	30	12.03	20.26	19.86	17.19

从表 6－17 可以看出，由于社会保障治理指数、社会安全治理指数、公共服务治理指数、社会参与治理指数的指数值个体差异较大，受其影响的 2011 年各省（市、自治区）社会治理指数值的个体差异也较大，体现出一定的层次性和差异性。为了更好地探索发展特征和

规律，有必要对其进行一些统计分析。

二　描述性统计分析

从表6－18可以看出，总体来看，无论是社会治理指数，还是四个一级指数——社会保障治理指数、社会安全治理指数、公共服务治理指数、社会参与治理指数的极值差距较大，即全距较大，均值较小，标准差和变异系数较大。这表明，2011年无论是社会治理的总体水平，还是社会保障治理水平、社会安全治理水平、公共服务治理水平、社会参与治理水平均处于较低层次，且省份间个体差异非常明显，呈现出非均衡的发展特征。

表6－18　　社会治理指数的描述性统计

指数	极大值	极小值	全距	均值	标准差	变异系数
社会治理指数	62.85	17.32	45.53	27.61	11.45	41.47
社会保障治理指数	69.74	9.92	59.82	27.65	12.84	46.44
社会安全治理指数	50.64	15.09	35.55	29.39	9.58	32.60
公共服务治理指数	66.97	14.39	52.58	26.83	12.60	46.96
社会参与治理指数	86.39	10.10	76.29	25.04	18.63	74.40

与此同时，相比较而言，在衡量社会治理水平的四大主要方面中，社会安全治理水平略高，社会保障治理水平和公共服务治理水平次之，社会参与治理水平最低；而从个体差异程度来看，社会参与治理水平差异最为明显，其次是社会保障治理水平和公共服务治理水平，社会安全治理水平差异最小。总之，相比较而言，社会安全治理总体水平略高且省份间差别较小，而社会参与治理总体水平较低且省份间差别较大。而这与我国当前社会治理更加注重管控和社会维稳，而忽视公众参与，并对社会安全治理的投入相对较多、社会参与治理关注较少的现状存在较大的关联性。

三　聚类分析与区域等级划分

为了更好地对省份社会治理水平的差异性特征进行研究，依据2011年全国30个省（市、自治区）社会治理指数值，借助SPSS、

Eviews 软件，采用快速聚类法对社会治理指数进行聚类分析。聚类分析结果见表 6－19。

表 6－19　　社会治理指数的聚类分析

地区	聚类类别	聚类距离	地区	聚类类别	聚类距离
北　京	1	0.0000	湖　南	4	2.0719
上　海	2	0.0000	山　西	4	1.6919
浙　江	3	1.6100	河　南	4	1.2119
江　苏	3	1.6100	新　疆	4	1.0819
广　东	5	2.6760	安　徽	4	0.7219
青　海	5	0.9860	海　南	4	0.3419
辽　宁	5	0.5740	湖　北	4	0.4081
山　东	5	1.5340	黑龙江	4	0.4181
天　津	5	1.5540	广　西	4	0.4681
宁　夏	6	0.7280	四　川	4	0.6381
云　南	6	0.6080	陕　西	4	0.6481
贵　州	6	0.5480	河　北	4	0.9481
重　庆	6	0.1920	江　西	4	1.4581
甘　肃	6	1.6920	吉　林	4	1.9881
内蒙古	4	2.6219	福　建	4	2.7681

根据总体测算和聚类分析的结果，可将新型城镇化背景下的社会治理水平划分为三个区域等级，见表 6－20。

表 6－20　　社会治理水平的区域等级划分

层级	总体特征	省份分布
区域等级Ⅰ	社会治理水平较高	东部（4 个）：北京、上海、浙江、江苏（占总体的 36.36%） 中部（0 个） 西部（0 个）

续表

层级	总体特征	省份分布
区域等级Ⅱ	社会治理水平一般	东部（4 个）：广东、辽宁、山东、天津（占总体的 36.36%） 中部（0 个） 西部（6 个）：青海、宁夏、云南、贵州、重庆、甘肃（占总体的 54.55%）
区域等级Ⅲ	社会治理水平较低	东部（3 个）：海南、河北、福建（占总体的 27.27%） 中部（8 个）：湖南、山西、河南、安徽、湖北、黑龙江、江西、吉林（占总体的 100%） 西部（5 个）：内蒙古、新疆、广西、四川、陕西（占总体的 45.45%）

注：按照国家对东部、中部和西部三大区域的划分，占总体的比重表示每一区域等级省份占各自区域省份总数的比重。

由于社会治理指数值是由四个一级指数值决定的，因而其区域等级划分同样也会受到它们的影响，因而有必要对全国 30 个省（市、自治区）在各方面所处的区域等级进行一个综合整理分析。

表 6－21　各省（市、自治区）社会治理水平的区域等级划分

区域等级 / 地区	社会治理水平	社会保障治理水平	社会安全治理水平	公共服务治理水平	社会参与治理水平
北　京	Ⅰ	Ⅰ	Ⅰ	Ⅰ	Ⅰ
上　海	Ⅰ	Ⅰ	Ⅰ	Ⅰ	Ⅰ
浙　江	Ⅰ	Ⅱ	Ⅰ	Ⅱ	Ⅰ
江　苏	Ⅰ	Ⅱ	Ⅱ	Ⅱ	Ⅰ
广　东	Ⅱ	Ⅲ	Ⅰ	Ⅲ	Ⅰ
青　海	Ⅱ	Ⅰ	Ⅱ	Ⅰ	Ⅲ
辽　宁	Ⅱ	Ⅰ	Ⅲ	Ⅱ	Ⅱ
山　东	Ⅱ	Ⅲ	Ⅱ	Ⅱ	Ⅱ
天　津	Ⅱ	Ⅱ	Ⅰ	Ⅰ	Ⅱ

续表

区域等级 地区	社会治理水平	社会保障治理水平	社会安全治理水平	公共服务治理水平	社会参与治理水平
宁　夏	Ⅱ	Ⅱ	Ⅲ	Ⅰ	Ⅲ
云　南	Ⅱ	Ⅱ	Ⅰ	Ⅲ	Ⅲ
贵　州	Ⅱ	Ⅲ	Ⅰ	Ⅲ	Ⅲ
重　庆	Ⅱ	Ⅱ	Ⅱ	Ⅲ	Ⅲ
甘　肃	Ⅱ	Ⅱ	Ⅱ	Ⅱ	Ⅲ
内蒙古	Ⅲ	Ⅱ	Ⅲ	Ⅱ	Ⅲ
湖　南	Ⅲ	Ⅱ	Ⅲ	Ⅲ	Ⅲ
山　西	Ⅲ	Ⅲ	Ⅲ	Ⅱ	Ⅱ
河　南	Ⅲ	Ⅲ	Ⅱ	Ⅲ	Ⅲ
新　疆	Ⅲ	Ⅱ	Ⅱ	Ⅱ	Ⅲ
安　徽	Ⅲ	Ⅲ	Ⅲ	Ⅲ	Ⅱ
海　南	Ⅲ	Ⅱ	Ⅱ	Ⅱ	Ⅲ
湖　北	Ⅲ	Ⅱ	Ⅲ	Ⅲ	Ⅲ
黑龙江	Ⅲ	Ⅱ	Ⅱ	Ⅲ	Ⅲ
广　西	Ⅲ	Ⅲ	Ⅱ	Ⅲ	Ⅲ
四　川	Ⅲ	Ⅱ	Ⅲ	Ⅲ	Ⅲ
陕　西	Ⅲ	Ⅱ	Ⅲ	Ⅱ	Ⅲ
河　北	Ⅲ	Ⅲ	Ⅱ	Ⅲ	Ⅲ
江　西	Ⅲ	Ⅲ	Ⅲ	Ⅲ	Ⅲ
吉　林	Ⅲ	Ⅱ	Ⅲ	Ⅱ	Ⅲ
福　建	Ⅲ	Ⅲ	Ⅲ	Ⅲ	Ⅲ

上文已经提及，基于指标体系构建的框架，社会治理水平是由社会保障治理水平、社会安全治理水平、公共服务治理水平和社会参与治理水平决定的，因而对社会保障治理水平、社会安全治理水平、公共服务治理水平和社会参与治理水平区域等级划分的成因仍然具有较强的解释力和说服力，在此不再赘述。具体来说，依据表 6－19、表 6－20 和表 6－21 的分析结果，可将 2011 年全国 30 个省（市、自治

区）社会治理水平具体划分为以下三个区域等级：

区域等级Ⅰ：社会治理水平较高，这个区域等级内主要包括北京、上海、浙江和江苏。其中北京、上海分别作为我国的政治中心和经济中心，不论是社会保障治理水平、社会安全治理水平，还是公共服务治理水平、社会参与治理水平，均处于区域等级Ⅰ，因而其社会治理总体水平处于区域等级Ⅰ就不足为奇；相比较而言，浙江和江苏地处长三角经济发达地区，社会保障治理、社会安全治理、公共服务治理和社会参与治理水平相对较高，尤其是社会参与治理水平，因而社会治理总体水平也相对较高。值得一提的是，广大中西部没有省份跻身于该等级，社会治理水平省份间、区域间差异仍然较大。

区域等级Ⅱ：社会治理水平一般，这一区域等级内主要包括广东、青海、辽宁、山东、天津、宁夏、云南、贵州、重庆、甘肃。其中广东、青海、辽宁、山东、天津、宁夏分别依次位列全国第5—10名，处于全国中偏上档次，但其社会治理指数的得分与第一集团的北京、上海、浙江、江苏相比，差距还是非常明显的，故综合评价为一般区域等级，而且这些省份社会治理也呈现出非均衡性，如广东社会安全治理、社会参与治理水平较高，而社会保障治理、公共服务治理水平却较低。至于非均衡性特征，在下文将会详细论述到，在此不再赘述。至于云南、贵州、重庆、甘肃等不发达省份能跻身于该区域等级，得益于其在某些方面的水平较高，如云南、贵州的社会安全治理水平，重庆的社会保障治理、社会安全治理水平，甘肃社会保障治理、社会安全治理、公共服务治理水平较高。

区域等级Ⅲ：社会治理水平较低，这一区域等级内主要包括海南、河北、福建、湖南、山西、河南、安徽、湖北、黑龙江、江西、吉林、内蒙古、新疆、广西、四川、陕西。至于上述省份社会治理总体水平较低的成因可归结为以下几类：第一类，海南、山西、黑龙江、吉林、内蒙古、新疆，这些地区主要是某一方面或两方面水平较低而导致社会治理整体水平低下，如海南、新疆社会参与治理水平，山西社会保障治理水平、社会安全治理水平，黑龙江公共服务治理水平、社会参与治理水平，吉林、内蒙古社会安全治理、社会参与治理水平较低而导致整体水平不高；第二类，河北、湖南、河南、安徽、湖北、广西、四川，这些地区主要是衡量社会治理水平大部分方面（三个及以上方面）较低，呈现低平衡而导致的整体水平低下；第三类，福建、江西，这类地区是衡量社会治理所有方面的水平都比较低，而自然而然地致使整体水平较低。

从图6－5可以看出，2011年东部、中部、西部三大区域间社会治理水平呈现出鲜明的广口U形特征。具体来说，东部地区将近40%的省份集中在水平较高的区域等级Ⅰ，将近80%的省份集中在区域等级Ⅱ以上；中部地区全部省份集中在区域等级Ⅲ，即水平较低的区域；而西部地区有一半以上的省（市、自治区）集中在区域等级Ⅱ。这表明，2011年我国三大区域间社会治理水平呈现出鲜明的“东高、西次之、中低”的U形特征，即中部地区社会治理水平高于西部地区，西部地区社会治理水平高于中部地区。这也从侧面反映出，区域社会治理水平与区域经济发展水平存在一定的关系。

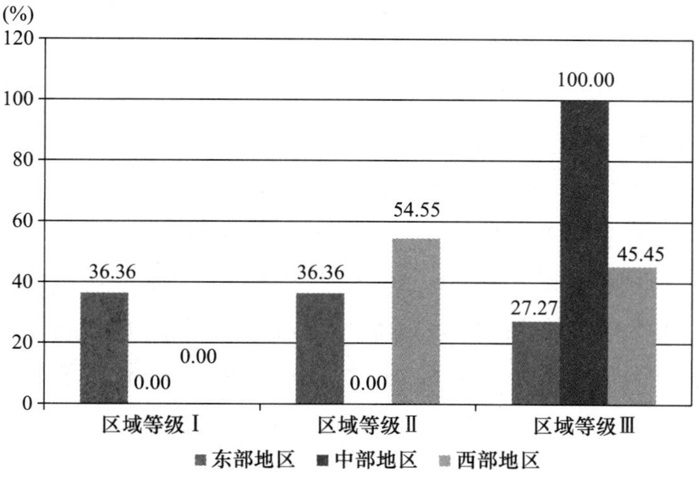

图6－5　社会治理水平区域等级划分比重

第五节　社会治理水平的分类

一　社会治理水平子系统协调度测算

由于社会治理是包括四个子系统的复杂性整体系统，社会治理水平高低只能表明整体系统的运行水平，并不能说明子系统之间的协调发展程度。下面将引入协调度的标准来进一步衡量省份间社会治理水平的协调程度。

协调度计算公式为：

$$A = 1 - \frac{s}{v} \tag{6-14}$$

其中，v、s 分别表示各个子系统指数的平均值和标准差，若 A 越大，则表示各个子系统之间协调程度越高；反之则缺乏协调性。[①]

从表6－22可以看出，2011年全国30个省（市、自治区）社会治理水平子系统总体协调程度并不高。只有上海、安徽、湖南、湖北、四川社会治理水平子系统基本实现了协调发展，而其余省份都处于亚协调发展和非协调发展。但这只能说明社会治理水平子系统——社会保障治理系统、社会安全治理系统、公共服务治理系统、社会参与治理系统之间的协调程度，并不能说明社会治理水平的协调程度。具体来说，社会治理水平不高的子系统协调，是低平衡；社会治理水平高的子系统不协调，是非均衡发展；只有社会治理水平高，子系统协调，才是社会治理发展的理想型。因而，有必要将社会治理水平和子系统协调度结合起来，对全国30个省（市、自治区）社会治理水平进行分类研究。

---

① 高志刚：《基于组合评价的中国区域竞争力分类研究》，《经济问题探索》2006年第1期。

表 6 - 22　　社会治理水平子系统协调度及分类

<table>
<tr><th>地区</th><th>协调度</th><th>分类</th><th>地区</th><th>协调度</th><th>分类</th></tr>
<tr><td>上　海</td><td>0.9247</td><td rowspan="5">协调发展</td><td>辽　宁</td><td>0.7294</td><td rowspan="3">亚协调发展</td></tr>
<tr><td>安　徽</td><td>0.8604</td><td>北　京</td><td>0.7241</td></tr>
<tr><td>湖　南</td><td>0.8519</td><td>新　疆</td><td>0.6869</td></tr>
<tr><td>湖　北</td><td>0.8375</td><td>内蒙古</td><td>0.6830</td><td rowspan="12">非协调发展</td></tr>
<tr><td>四　川</td><td>0.8313</td><td>海　南</td><td>0.6742</td></tr>
<tr><td>福　建</td><td>0.8106</td><td rowspan="10">亚协调发展</td><td>吉　林</td><td>0.6358</td></tr>
<tr><td>江　西</td><td>0.8021</td><td>江　苏</td><td>0.6277</td></tr>
<tr><td>山　西</td><td>0.7987</td><td>云　南</td><td>0.6136</td></tr>
<tr><td>天　津</td><td>0.7955</td><td>浙　江</td><td>0.6022</td></tr>
<tr><td>河　北</td><td>0.7671</td><td>河　南</td><td>0.5976</td></tr>
<tr><td>陕　西</td><td>0.7607</td><td>广　西</td><td>0.5679</td></tr>
<tr><td>山　东</td><td>0.7541</td><td>贵　州</td><td>0.5138</td></tr>
<tr><td>重　庆</td><td>0.7526</td><td>广　东</td><td>0.4952</td></tr>
<tr><td>黑龙江</td><td>0.7506</td><td>青　海</td><td>0.4771</td></tr>
<tr><td>甘　肃</td><td>0.7497</td><td>宁　夏</td><td>0.3983</td></tr>
</table>

注：分类是依据各个地区的协调度进行 K 均值聚类分析得出的。

二　社会治理水平发展类型划分

依据社会治理水平区域等级划分和子系统协调程度划分，理论上可将社会治理水平划分为社会治理水平较高协调型、社会治理水平较高亚协调型、社会治理水平较高非协调型、社会治理水平一般协调型、社会治理水平一般亚协调型、社会治理水平一般非协调型、社会治理水平较低协调型、社会治理水平较低亚协调型、社会治理水平较低非协调型 9 种类型。但从实际分类来看，2011 年我国社会治理水平只存在 8 种类型，缺少社会治理水平一般协调型。具体分类结果如表 6 - 23 所示。

表 6－23　　社会治理水平分类及其地域分布

类型	省份	个数（占比）
社会治理水平较高协调型	上海	1（3.33%）
社会治理水平较高亚协调型	北京	1（3.33%）
社会治理水平较高非协调型	浙江、江苏	2（6.67%）
社会治理水平一般协调型	无	0
社会治理水平一般亚协调型	辽宁、山东、天津、重庆、甘肃	5（16.67%）
社会治理水平一般非协调型	广东、青海、宁夏、云南、贵州	5（16.67%）
社会治理水平较低协调型	安徽、湖南、湖北、四川	4（13.33%）
社会治理水平较低亚协调型	山西、黑龙江、广西、陕西、河北、江西、福建	7（23.33%）
社会治理水平较低非协调型	内蒙古、河南、新疆、海南、吉林	5（16.67%）

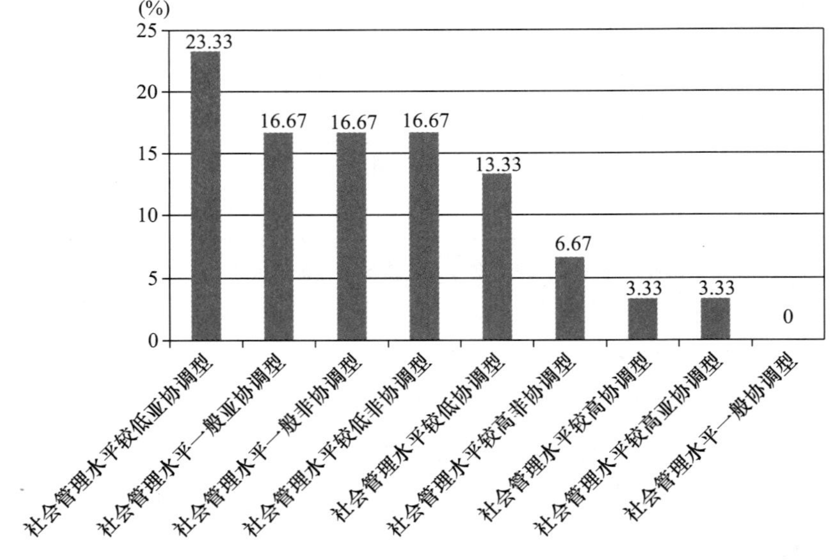

图 6－6　社会治理水平分类比重排序

从表 6－23 和图 6－6 可以看出，2011 年我国社会治理水平可以划分为 8 种发展类型，其中社会治理水平较高协调型是最为理想发展型，社会治理水平较高亚协调型为次理想发展型，社会治理水平较低非协调型则为最不理想发展型，社会治理水平较低亚协调型则为次不理想发展型。

但从具体地域分布来看，最为理想发展型地域仅有上海，次理想发展型也仅有北京，二者合计比重不足7%；而最不理想发展型占总体样本的比重接近20%，次不理想型的社会治理水平较低亚协调型占总体样本比重高达23.33%，比重最大，二者合计比重高达40%。至于中间发展类型，也是以较低层次分类所占比重较大，如社会治理水平一般亚协调型、社会治理水平一般非协调型和社会治理水平较低非协调型。上述特征大体上形似“头尖底宽”的葫芦形特征。

这葫芦形的特征反映出我国大部分省份社会治理不仅整体水平较低，而且其内部子系统并没有实现协调均衡发展，进一步反映出我国省份间社会治理水平差距十分明显。

第六节 社会治理水平与经济发展关系分析

一 理论建构与研究假设

上述研究结果显示：一般来说，无论是社会治理一级指数，还是社会治理指数，经济基础较好，经济发展水平较高的省（市、自治区），其指数值相对较高。依据实践经验，可以这样解释二者之间的关系：经济发展水平越高，用于社会保障治理、社会安全治理、公共服务治理、社会参与治理、社会治理的相关人、财、物投入也就越多，相应的治理水平也就越高。

由于社会治理水平系统是一个包括社会保障治理系统、社会安全治理系统、公共服务治理系统和社会参与治理系统4个子系统的复合系统，为了更深入地探索社会治理水平与经济发展的关系，不仅需要考量社会治理水平与经济发展的关系，而且还要考量社会治理子系统水平与经济发展的关系，即社会保障治理水平、社会安全治理水平、公共服务治理水平、社会参与治理水平与经济发展的关系。在此基础上，本书提出如下研究假设：

研究假设 1：在一定时期内，其他条件不变的情况下，社会治理子系统即社会治理保障治理、社会安全治理、公共服务治理、社会参与治理的水平与经济发展呈正相关关系。

研究假设 2：在一定时期内，其他条件不变的情况下，社会治理水平与经济发展呈正相关关系。

二 假设检验：相关性分析

在学界，经济发展水平一般采取国内生产总值（GDP）表示，为消除人口规模的影响，本书采用人均 GDP（记为 PGDP）来表示经济发展水平；而社会治理水平（记为 SHGL）、社会保障治理水平（记为 SHBZ）、社会安全治理水平（记为 SHAQ）、公共服务治理水平（记为 GGFW）、社会参与治理水平（记为 SHCY）则用相关指数值来表示。因而，要验证假设，实际上就是要验证经济发展水平与社会治理水平、社会保障治理水平、社会安全治理水平、公共服务治理水平、社会参与治理水平之间的关系。由于数据样本的局限性，本书则采用 Pearson 相关性分析来验证这一假设。

依据表 6 – 24 的分析结果，参照相关系数的相关程度判定标准，具体阐述如下。

表 6 – 24 社会治理水平及子系统与经济发展的 Pearson 相关性分析

皮尔逊相关性分析		SHGL	SHBZ	SHAQ	GGFW	SHCY
PGDP	皮尔逊相关性	0.679**	0.337	0.343	0.459**	0.711**
	显著性（双侧）	0.000	0.069	0.063	0.011	0.000

注：** 在 0.05 水平（双侧）上显著相关。

在 5% 的显著性水平下，社会治理指数值、公共服务治理指数值、社会参与治理指数值与人均 GDP 存在显著正相关关系，而社会保障治理指数值、社会安全治理指数值与人均 GDP 并不存在明显的线性相关关系。这表明，2011 年我国社会保障治理水平、社会安全治理水平与经济发展水平不存在明显的线性相关关系，公共服务治理水平、社会参与治理水平与经济发展水平存在显著正相关关系，最终社会治理水平与经济发展水平也存在显著正相关关系，且相关程度较高。因而最终结论可以修正为：社会治理水平、公共服务治理子系统水平、社会参与治理子系统水平与经济发展水平显著正相关，而社会保障治理子系统水平、社会安全治理子系统水平与经济发展水平不存在相关关系。假设部分得到验证。

至于上述结论形成的原因，主要表现在以下几个方面：

（1）当前阶段，社会保障作为一种再分配制度，大部分地区社会保障治理还是政府主导模式，以政府投入为主，市场化程度较低，对经济发展敏感程度较低，因而社会保障治理水平与经济发展水平并不存在相关关系，这也从另一方面解释了经济发展水平较高的福建、广东两省的社会保障治理水平较低的原因。

（2）社会安全治理一直是我国社会治理的重要方面，传统社会治理更视其为社会治理的全部内容，从中央到地方，不论经济发展水平高低，对社会安全治理的投入都较大，政府主导特征十分明显，甚至还有很多地方更是将其作为考核地方政府绩效的重要标准，因而政府十分重视社会安全治理。全国范围来讲，社会安全治理水平对经济发展敏感程度不高，二者之间并不存在明显的相关关系。

（3）相比较而言，与其他方面相比，公共服务的市场化、社会化程度较高，很多方面已经出现了民间资本参与公共服务的供给，对经济发展水平的依赖程度相对较高，并处于上升的趋势，因而公共服务治理水平与经济发展水平显著正相关关系的成因就不言自明。

（4）当前阶段，从表面上看，社会参与治理水平受到公民意识觉醒和传统，以及民主程度影响较大，对经济发展水平并不十分敏感。但剖析其深刻原因，不难发现，社会参与是公众政治、民主生活的一部分，属于上层建筑，而经济基础决定上层建筑，因而社会参与治理水平与经济发展水平相关关系的本质缘由在此。这也解释了社会参与治理水平较高的前 7 名区域均为经济较为发达的东部沿海省市，依次是北京、浙江、江苏、上海、广东、辽宁和天津。

（5）总的来说，社会治理不是“市长”型的，而是“市场”型的，新型城镇化背景下的社会治理最终还是要走向社会化、市场化的发展之路，需要更多的社会组织和民间资本参与社会治理。现阶段，虽然社会治理的市场化、社会化程度并不高，但“政府—社会—企业”三维互动的新型社会治理格局雏形已基本出现，市场发挥作用的领域越来越广，发挥的力量越来越大，因而社会治理水平与经济发展水平呈现出显著的正向相关关系。

第七章　主要结论与政策建议

第一节　主要结论

在实证分析方面，本书借助构建的新型城镇化背景下社会治理评价指标体系，采用TOPSIS分析法，对全国30个省（市、自治区）社会治理一级指数（社会保障治理指数、社会安全治理指数、公共服务治理指数、社会参与治理指数）和社会治理指数进行了测算分析，采用快速聚类分析法进行了区域等级划分，并在此基础上对社会治理及其子系统水平进行了分类研究，进一步探讨了社会治理及其子系统与经济发展的关系。最终本书得出以下实证结论：

一　社会治理总体水平较低，且省份、区域间差异较大

实证分析结果显示，无论是社会治理的一级指数，即社会保障治理指数、社会安全治理指数、公共服务治理指数、社会参与治理指数，还是社会治理指数，其指数值总体水平均比较低；不同省份、区域间个体指数值差异也较大的。这表明，2011年我国不仅衡量社会治理水平的四大方面——社会保障治理水平、社会安全治理水平、公共服务治理水平、社会参与治理水平均比较低，个体差异较大，而且社会治理总体水平也较低，个体也表现出较大的差异。因而，在制定相关政策建议时，一定要充分把握社会治理总体水平较低、省份、区域间差异较大这个客观规律，因地适宜、有的放矢，制定适合不同省份、区域的政策建议，并分层次、分步骤、分阶段地推行相关政策建议的实施。

二 东部、中部和西部三大区域间社会治理水平呈现广口U形特征

从实证分析结果可以看出，社会保障治理指数、社会安全治理指数、公共服务治理指数、社会治理指数呈现出东部地区整体指数值较高，西部地区其次，中部地区最低的特征，社会参与治理指数值则呈现出东部地区整体指数值最高，中部地区其次，西部地区最低的特征。这表明，2011 年社会保障治理水平、社会安全治理水平、公共服务治理水平呈现出东部地区最高、西部地区其次、中部地区最低的广口 U 形特征，社会参与治理水平则呈现出东部最高、中部地区其次，西部地区最低的三级阶梯状特征。但最终社会治理水平呈现出东部地区最高、西部地区其次、中部地区最低的广口 U 形特征。而我国三大区域经济发展特征则是呈现鲜明的东部地区最高，中部地区其次，西部地区最低的三级阶梯状特征，这显然与社会治理水平的广口 U 形特征存在不一致现象。这也从侧面反映出，区域经济发展水平会直接影响到社会治理水平，但并不是唯一因素，社会治理水平还会受到其他因素的影响，因而在制定相关政策建议时，不能仅仅只立足于经济层面的政策建议，应注意多种层面政策建议的组合制定与实施。

三 省份间社会治理水平呈现葫芦形非均衡发展特征

依据实证分析结果可以看出，我国社会治理水平呈现出非均衡发展特征，主要体现在以下两个方面：一是衡量社会治理水平的社会保障治理水平、社会安全治理水平、公共服务治理水平和社会参与治理水平呈现出非均衡发展，即社会安全治理水平略高、社会保障治理水平和公共服务治理水平次之，而社会参与治理水平最低；二是社会治理水平不论是省份间还是区域间，都表现为个体差异明显、非均衡发展的特征。基于非均衡发展特征，对社会治理水平进行分类研究，可将社会治理水平划分为 8 种不同发展类型：即社会治理水平较高协调型、社会治理水平较高亚协调型、社会治理水平较高非协调型、社会治理水平一般亚协调型、社会治理水平一般非协调型、社会治理水平较低协调型、社会治理水平较低亚协调型、社会治理水平较低非协调型，缺少社会治理水平一般协调型。而在具体地域划分中，发现最为

理想发展型（社会治理水平较高协调型）和次理想发展型（社会治理水平较高亚协调型）的覆盖省份较少，不足一成；而最不理想发展型（社会治理水平较低非协调型）和次不理想发展型（社会治理水平较低亚协调型）覆盖的地域则相对较广，占到四成。

这表明，2011 年我国社会治理水平及子系统水平省份间差异较大，呈现出葫芦形发展特征，即最为理想发展型、次理想发展型覆盖地域最少，而最为不理想发展型、次不理想发展型覆盖地域最广，中间状态发展型覆盖地域居中，形似一个“头尖底宽”的“葫芦”。因而在制定相关政策建议时，应根据区域等级划分情况，因地制宜，有步骤、分层次、分阶段地加强新型城镇化背景下社会治理创新。

四　社会治理水平与经济发展水平关系密切

实证结果显示，在 5% 的显著性水平下，社会治理指数值、公共服务治理指数值、社会参与治理指数值与人均 GDP 存在显著正相关关系，而社会保障治理指数值、社会安全治理指数值与人均 GDP 并不存在明显的线性相关关系。这表明，2011 年我国社会保障治理水平、社会安全治理水平与经济发展水平不存在明显的线性相关关系，公共服务治理水平、社会参与治理水平与经济发展水平存在显著正相关关系，最终社会治理水平与经济发展水平也存在显著正相关关系，且相关程度较高。这也反映出，在政府主导型社会治理模式下，经济发展水平是影响社会治理水平的最重要因素之一，但并不是唯一影响因素，社会治理水平还会受到政策支持的力度，相关传统和居民的认可程度等因素的影响。因而，在制定政策建议时，必须牢牢把握经济层面政策建议的制定，但也不能忽视其他层面政策建议的制定。

第二节　政策建议

上述理论分析和实证研究，从定性、定量两个角度对我国不同区域、省份社会治理水平进行了测度分析，并得出一些有益于实践探索的实证结论，而这些实证结论的得出是为了更好地指导和服务实践。

因而，在当前阶段，应立足于我国社会治理水平发展的现状及呈现出的规律，在遵循客观规律的基础上积极发挥人的主观能动性，基于“政府—市场—社会”三方互动的视角，从促进社会治理四大方面（社会保障治理、社会安全治理、公共服务治理、社会参与治理）水平提升的角度，充分把握新型城镇化与社会治理互动规律，提出促进新型城镇化背景下社会治理水平提升的政策建议（见图7－1）。

一 发挥政府主导作用，构建多元主体参与机制

指标体系构建和应用结果显示，新型城镇化背景下社会治理不同于传统意义上的政府社会治理，是包括社会组织在内的多元主体参与的新型社会治理模式。一般来说，除政府外其他治理主体参与社会治理的程度越充分，相应的社会治理水平也就越高，尤其是公共服务治理和社会参与治理两方面体现得更为明显，如北京、上海、广东等地（详见实证检验结果）。与此同时，从理论上讲，新型城镇化背景下社会治理是多元社会治理模式，包括政府、社会组织在内的多个主体在治理中有着自己的边界，各司其职、各负其责，这些主体之间构成了合作网络。在该网络中，各自只是扮演的角色不一样，并没有主次之分。但在现实中，由于其他社会治理主体发育并不完善，在很多领域和方面不能有效地发挥其作用，作为最为成熟的主体——政府自然就占据了主导地位。因而在新型城镇化背景下，要提高社会治理水平，需发挥政府主导作用，构建包括社会组织、自治组织、公众在内的多元参与机制，实现政府与社会的良性互动。

（一）加快政府转型，发挥政府主导作用

基于上文对公共治理理论的深入分析，以及新型城镇化背景下社会治理评价指标体系的理论建构和实证分析的结论，不难看出，在新型城镇化背景下，政府虽然不再是社会治理的唯一主体，但却是最重要、最核心的主体，起着全局、统领的主导性作用。而传统社会治理是基于管控型政府单一主体构建的，其主要特征表现在两个方面：一是政府是社会治理唯一主体，所有权力政府垄断掌握，所有决策都由政府做出、执行和评估，政府充当了“运动员”“裁判员”的双重角色；二是政府是管控型政府，其采用的主要社会治理方式是管控，即

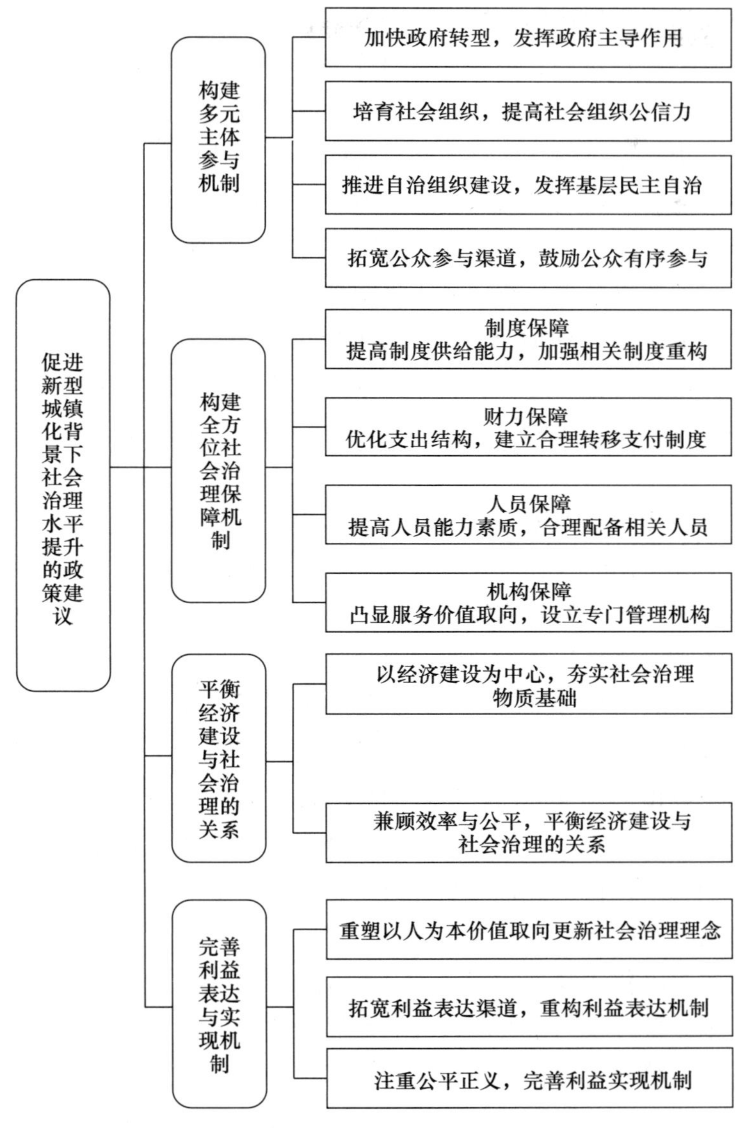

图 7－1　政策建议逻辑

管理与控制并存，其中控制为第一手段，即政府基于严格的官僚等级制，凭借垄断性行政权力，通过强制性的行政命令对社会各个领域进行控制，并将社会各个主体锁定在政府设定好的位置上或单元内，其主要目的旨在实现社会维稳的单一目标。在这种功能定位下，传统社会治理身陷“成本高、收益低、风险高”的困境之中，过多、过复杂的行政政令的控制手段极易引发社会问题和社会矛盾，不仅不能有效实现社会维稳的目的，而且这种严格的管控型社会治理使社会活力丧失，陷入尴尬两难的局面。因而，新型城镇化背景下的社会治理是以“人的管理与服务”为核心的新型社会治理，传统社会治理模式及方法已不再适应新要求、新特征，控制型的管理手段也不再成为主导型的手段，而是要促使政府转型，由政治统治型政府向服务型政府转变，摒弃传统的管控型社会治理思维，实现向服务导向型社会治理思维的本质性转变，从而发挥政府的主导作用。具体来说，要做到以下几点：

1. 实现服务导向型社会治理思维的转变

新型城镇化的核心是人的城镇化，新型城镇化背景下的社会治理更是凸显了“人的管理与服务”，“服务”也是新型城镇化背景下社会治理区别于传统社会治理的本质特征之一。实现由控制导向型向服务导向型社会治理思维的转变，主要体现在以下几个方面：一是确立服务是政府的天然职责和法定义务，既是政府本质所在的价值观念，也是新型城镇化背景下社会治理的核心价值取向。并深入理解政府的管理与服务不矛盾，而是要在社会治理中，寓管理于服务之中，寓服务于管理之中，将二者有机结合起来，并在此基础上更加强调服务功能。二是构建服务型的行政文化。文化能够在人们认识世界、改造世界的过程中转化为物质力量，对人的活动产生重要影响。同样道理，先进的服务型行政文化不仅能有效地提升政府工作人员的素质，培育他们的服务精神，而且还能在政府内部塑造一种服务优先的氛围，实现行政文化与公民期待的契合，通过完善服务方式实现政府与公民的良性互动。

2. 加快政府职能转变，实现政府转型

在服务导向型社会治理思维的指引下，加快政府职能转变，更加凸显公共服务职能，实现管制型政府向服务型政府的转变。一是在新型城镇化背景下，进一步转变政府职能，实现社会治理思维的转变，完善管理和服务的手段，以管理促服务，将政府职能的重心转移到公共服务领域上来，不断提高公共服务供给的规模和质量。二是适度引入市场竞争机制，逐步实现公共服务的社会化和市场化。即根据资源配置最优理论，将那些原本由政府承担收益不好，或是政府无力承担的一些公共服务职能交由社会组织和私人部门来履行，政府则更加关注政策的制定与实施，维护正常的市场秩序，为公众提供更高质量的公共服务。三是坚持管理与服务的统一，实现管制型政府向服务型政府的转变。即在新型城镇化背景下社会治理过程中，明确管理是手段、服务是目的，要做到手段与目的的统一，更好实现对人的管理与服务，注重民生改善、权利保障、秩序维护和社会活力激发，实现以权力为中心向权利为中心的转变。

（二）培育社会组织，提高社会组织公信力

在政府由传统的管制型政府向服务型政府转变过程中，社会组织是政府转变职能，放权社会的有效载体，承接着政府剥离的部分职能，其参与社会治理能将竞争机制引入，有效降低行政成本，提高公共事务治理决策的科学性和合理性，进而提高治理的效率和效益，还能在很大程度上弥补市场失灵和政府失灵，提高社会资源的配置效率，实现全社会福利的增加。与此同时，社会组织由于其特殊身份地位，在社会治理上具有自身优势，能完成一些政府完成不了或完成不好的事务，是政府与公众沟通的桥梁和纽带，也是公众参与社会治理的重要渠道之一，对提升公众的自治能力具有重要的意义。要提高社会组织的参与能力，具体要做到以下几点：

1. 完善相关政策法规，降低社会组织的准入门槛

从社会组织的发展现状来看，无论是社会组织的绝对数量，还是社会组织的覆盖面，都比较小，社会组织处于发育的初级阶段。这在很大程度上是由于我国长期缺乏相关政策和法规的支持，尤其是社会组织的准入机制不健全，进入门槛较高，致使社会组织发育迟缓。在新型城镇化背景下，社会组织参与社会治理不仅任务加重，而且难度增大，因而必须做到：一是完善相关政策法规，从法律层面保障社会组织的合法地位，并对社会组织的工作范围、工作职责、经费保障、

管理手段和技术、工作程序等进行明确规定，大大降低社会组织的准入门槛，最大限度保证社会组织的参与权。二是放宽相关政策，降低门槛，大力培育和扶持城乡各类社会组织，尤其是从事公共服务的社会组织，在国家法律允许下，鼓励其涉足政府管理不到位或没有管理的领域，促使其进行自我组织、自我管理、自我服务和自我监督，引导更多社会力量参与社会治理。

2. 进行规范化管理，提高社会组织的公信力

公信力是社会组织的命脉。从实践来看，近些年来社会组织，尤其是慈善组织的公信力一直饱受大家的质疑和非议，“郭美美事件”“河南宋庆龄基金会事件”更是将社会组织公信力的争议推到风口浪尖。这不仅大大损害了社会组织在公众心目中的地位，而且还危及社会组织的合法性地位，因而需对社会组织进行规范化管理，定期或不定期披露相关信息，从而提高社会组织的透明度和公信力。一是建立社会组织的内部和外部约束机制，即在社会组织内部设立相对严格的自律标准和规则，及时公开相关信息，让内部人员互相监督，对公众定期发布财务报告和年度工作报告，公开相关信息，接受外界的审计和监督。二是完善外部监督和审计机制，即引入诚信评估制度，针对不同类型、不同性质的社会组织，建立科学的、独立的外部监督和审计机制，并完善包括媒体在内的第三方监督机制，全方位保障社会组织的公信力。

（三）推进自治组织建设，发挥基层民主自治

在我国城市社区和农村村民自治组织既是我国社会治理的重要主体之一，也是完善基层社会治理的最基础的环节。从实践来看，城乡基层自治组织不仅可以直接承接政府和企事业单位剥离的部分公共服务职能，把一些公共事务交由社区管理，通过积极发展相关社区志愿组织，提高城乡自治组织的社会治理能力；而且城乡基层自治组织是更为广泛意义上的公众与政府、社会沟通的桥梁和纽带，既可以立足于社区，培养公众的民主素质，提高社会责任感，提升公众的社会参与能力，又可以立足于社区，充分掌握社区公众的真实需求，更好地服务社区，完善社区服务，将国家和政府的各项惠民利民政策落实到

社区，落实到每一个家庭，从而实现政府、社区和公众三者的良性互动。在国外，社区进行自我管理，参与社会治理已经成为一种不可逆转的趋势。因而，在新型城镇化背景下，社会治理更要大力推进城乡基层组织建设，充分发挥基层民主自治功能。具体来说：

1. 加强相关投入力度，推进城乡基层自治建设

由于城乡基层自治组织并不属于基层政府，因而相关资金投入主要依靠相关机构的拨款和公众的自筹，资金投入的力度不大，且渠道不够稳定。尤其是农村自治组织，随着税费改革的完成，相关资金十分匮乏，这也在一定程度上既制约了城乡基层组织的建设，也制约了其基层民主自治功能的发挥。要改变这一现状，一是在新型城镇化背景下，要逐步改革现有公共财政体制，逐步建立覆盖城乡基层自治组织的公共财政体系，加大对基层自治组织的公共财政支出力度。二是积极与相关社会组织进行深度合作，鼓励社会捐赠和社会筹集，拓宽城乡基层自治建设的资金来源渠道，提高基层自治组织资金自筹的能力。

2. 构建基层矛盾纠纷化解机制，加强基层民主自治能力

基层矛盾纠纷若不能在较短时间内得到化解，很容易造成场面失控，进而导致更大公共危机出现，甚至是群体性事件的爆发。这不仅会在很大程度上增加基层社会治理的难度，而且还会影响到基层民主自治能力的提高。要改变这一现状，一是构建一种以传统人民调解为主体、专业性和行业性人民调解为补充，人民内部调解与其他调解相结合的无缝隙对接的基层矛盾纠纷化解机制。① 二是在城乡自治组织内部搭建各类社会参与平台，保障社区公众的知情权、参与权、表达权和监督权，建立完善的社区代表、协商会议制度，将很多民生事务和社区事务尽可能在社区解决，保障基层自治，提高基层民主的自治能力。

（四）拓宽公众参与渠道，鼓励公众有序参与

“参与”是公众获得自主性，进行自我管理的重要途径，公众只

---

① 彭向刚、程波辉：《论社会管理职能创新的观念变革》，《南京师大学报》（社会科学版）2012 年第 3 期。

有通过积极参与到社会公共事务的管理中来，才能保障自己的话语权和决策权，自由畅通表达自身的利益诉求，保障自己社会治理的主体地位和权利。与此同时，公众参与既是构建新型社会治理格局的题中应有之义，也是新型社会治理区别于传统社会治理的本质特征之一。从实践来看，改革开放以来，我国就已经初步建立公众参与社会公共事务管理的制度体系，如按照相关规定参与民主选举、民主管理和民主决策等。但是，从实施的效果来看，我国公众参与总体程度还比较低，处于低水平，主要表现为：公众参与渠道单一且较窄、参与程序复杂缺乏科学性、参与决策影响力较小、利益表达和实现渠道不畅通，等等。而且公众参与呈现出明显两极分化现象，即公众中的社会强势群体依然在社会中占据主导地位，占有绝对的话语权，而弱势群体依然处于被支配地位，缺少话语权，很多时候正常利益诉求得不到保障。这种分化直接导致了强势群体和弱势群体的利益分配失衡，严重时候还会带来一系列社会问题，加剧社会矛盾，大大增加社会治理的风险。因而在新型城镇化背景下，要积极面对由城镇化带来的社会问题和社会矛盾，拓宽公众参与的渠道，鼓励公众有序参与，及时预防和化解相关社会问题和社会矛盾，提高社会治理水平。具体来说，要做到以下几点：

1. 培养公众的参与意识

公众参与意识是实施有序公众参与的必不可少的一步，现阶段公众参与程度较低的一个重要原因就是公众参与意识淡薄，很多时候主动放弃了相关权利。培养公众参与意识，主要做到以下两个方面：一是通过多种形式的宣传教育，如新闻媒体、社区张贴栏、宣传小册子，让公众认识到自身参与的重要性，意识到参与是自己与生俱来的权利，促使公众积极主动参与社会治理。二是除必要的宣传教育外，还应该通过实践方式来培养公众参与意识，即立足于城乡社区，依据相关管理法律法规，通过民主规则程序规定的各种方法和途径参与社会公共事务管理，赋予公众部分自我管理权力，并要求公众对自治管理的结果担负一定的责任，做到权责对等，进而在实践中提高公众参与的意识和能力。

2. 不断拓宽公众参与渠道

公众参与渠道单一且较窄，是制约当前公众参与程度较低的一个重要因素。拓宽公众参与渠道，主要做到以下几个方面：一是不断完善城乡基层自治组织，即城市居民委员会、村民委员会，在相关政策法规的规定下，大力推进民主选举、民主管理、民主决策和民主监督，促使公众多渠道、多形式参与社会治理，发挥城乡基层自治组织的“主战场”作用。二是完善公众参与的相关制度，开发新型公众参与的渠道，进一步拓宽公众参与渠道。除了不断完善传统公众参与的渠道外，还要逐步完善社区事务公开、社区居委会代表大会、民主评议和监督等制度，还要与时俱进，立足网络时代，开发网络听证会、网上评议会、网上舆情分析会等新兴参与形式和方法，进一步拓宽公众参与的渠道。

3. 规范公众参与的行为

公众参与行为的规范既是衡量公众参与程度的重要指标之一，又是衡量公众参与有序程度的关键性指标之一。反之，如果公众参与行为缺少规范，既不是真正意义上的公众参与，又不是多元化新型社会治理格局的体现。规范公众参与行为，鼓励有序参与，主要做到以下几点：一是发挥道德规范的“软约束”作用，即要从道德层面宣扬公众参与的重要性，倡导公众要秉承公正立场，以集体利益为重，兼顾个人正当利益，公平、有序参与社会公共事务的管理。二是发挥法律法规的“硬约束”作用，即完善公众参与的相关法律法规，从制度层面宣扬公众参与是法律赋予公众的基本权利，不能被剥夺，保障公众依据民主规则程序规定的各种方法和途径，合法、合理参与社会治理，进而在实践中不断规范自身行为。

二　加大社会治理投入，构建全方位社会治理保障机制

指标体系构建的原则、思路和逻辑表明，新型城镇化背景下社会治理评价指标体系侧重于投入与产出角度设计指标，更加突出社会治理投入类指标，因而社会治理的人、财、物投入在指标体系中占据重要的位置。与此同时，实证结果表明，在现有政府主导投入型社会治理模式下，社会治理人、财、物投入水平直接决定了社会治理水平的

高低。一般来说，投入水平越高，社会治理水平相应也就越高。而缺乏制度保障的投入机制是临时性、应急性的，不能实现社会治理可持续健康发展。因而应加大对其投入的力度，寻求制度保障，构建全方位社会治理保障机制。

（一）制度保障：提高制度供给能力，加强相关制度重构

“制度是一个社会的博弈规则，是人为设计的、形塑人们互动关系的约束”。[①] 当前阶段，社会问题和社会矛盾频发，很大程度上源于相关制度的缺失，或是现有制度的不完善。很多学者认为，制度重构是加强和创新新型城镇化背景下社会治理的关键，具有根本性、全局性作用。因而在当前背景下，要充分把握新型城镇化与社会管理之间的互动关系，利用城镇化与社会管理的互为动力、互为目标的规律，提高制度供给能力，不断加强相关制度建设与完善，从而发挥制度的保障作用。在新型城镇背景下，提高制度供给能力，对社会治理相关制度重构，不是对原有制度的修修补补，而是要立足于现有制度需求与供给之间的矛盾，从顶层设计到基层实施的一整套制度的重构。

1. 加强社会治理制度重构的顶层设计

即按照新型多元社会治理格局合理安排和设计各项活动，并结合社会治理发展实际和特征进行创造性的制度安排和设计。具体来说，要彻底改变现有社会治理制度设计和安排“效率至上”的价值导向，坚持兼顾效率与公平，更加注重公平的原则，尊重公众的真实需求和意愿，凸显法律的诚实，实现社会治理管理制度供需的动态平衡，从体系构建的角度加强社会治理制度重构的顶层设计。[②]

2. 保障社会治理相关制度重构的公平正义

公平正义是制度得以持续发挥作用的本质特征。但在新型城镇化背景下社会治理制度设计和安排上追求的不是绝对公平，而是体现群体差异、区域差异特征的相对公平，即在制度设计和安排上更加维护

---

① ［美］道格拉斯·C. 诺思：《制度、制度变迁与经济绩效》，杭行等译，格致出版社、上海三联书店、上海人民出版社 2008 年版，第 3—5 页。

② 汪大海、南锐：《新型城镇化背景下的社会管理转型升级——从碎片化社会管理走向整体性社会管理》，《学术界》2013 年第 12 期。

弱势群体和低收入者的利益，在不影响效率的前提下，逐步实现群体间的相对公平；在财政转移支付制度和相关政策设计方面，更多地倾向于社会治理水平较低区域，在不影响全局规划的前提下，逐步实现区域间的相对公平。

3. 提高社会治理相关制度供给能力

具体来说，主要表现在两方面：一是提高城乡一体化制度供给能力，即打破现有的城乡二元分割体制，逐步实现城乡统筹的制度体系供给，构建城乡一体化的社会保障制度、市场制度、教育制度、就业制度、财政转移制度和基本公共服务供给制度，解决社会治理城乡基层矛盾提出问题。二是提高公民权利保障制度供给能力，即尊重公民的主体地位，实现从“主客体”思维向“主体际”思维的转变，逐步回归到公民权利保障制度的构建。①

（二）财力保障：优化公共支出结构，建立合理转移支付制度

现阶段，由于社会组织、公众等其他社会治理主体并不成熟，当前阶段社会治理模式还是政府主导型的治理模式。在此模式的影响下，社会治理投入还是较多依赖政府的财政支出。本书的新型城镇化背景下社会治理评价指标体系也是基于投入的视角，尤其是政府财政支出的视角而构建起来的。与此同时，实证结果也显示，政府社会治理投入水平在整个评价体系中不仅指标个数较多，而且指标权重也较大。一般来说，社会治理相关财政投入水平较高，社会治理水平也就越高。但需要说明的是，社会治理财政投入水平的高低并不仅仅取决于投入的规模，更多的是取决于投入的效益，即按照资源配置理论来说，能否实现财政投入的最大效用。而社会治理财政投入效益的高低则受到社会治理水平的差异性特征，以及合理转移支付制度的影响。

在过去很长一段时间，社会治理财政投入规模是逐年增长的，但投入效益却不高，并没有实现投入的最大效用。主要表现在两个方面：一是没有深入掌握社会治理水平的群体间、区域间的差异性特征，对所有人群、所有地区都进行同一标准、同一规格的投入，破坏

① 庞凌：《权利自由与社会管理创新的切入点》，《法学》2011 年第 10 期。

了相对公平的原则。二是现有转移支付制度的不合理，没有对社会治理重点领域和范畴进行倾斜性的投入，而是忽视省份、区域间社会治理水平的差异性，没有实现投入的效用最大化。实际上这两方面反映的本质问题是一样的，即表明现有社会治理财政投入存在没有把握社会治理水平的差异性特征，且现有转移支付制度不合理的问题。因而要在新型城镇化背景下，破解社会治理财政投入绝对规模递增，效益增长不明显的难题，就必须把握社会治理水平的差异性特征，不断优化公共支出结构，建立合理的转移支付制度。

第一，要加快公共财政体制改革的步伐，根据经济社会发展的特点，不断优化公共支出结构，对社会治理财政投入应逐步从生产性和营利性的领域退出，回归公共性，尽快实现投资型财政体制向公共服务型体制的转型。

第二，要根据社会治理水平的区域、省份间的差异性特征，不断优化公共支出结构，社会治理财政投入应在保障公平正义的基础上，适度向社会治理水平一般和较低区域进行倾斜，缩小区域间社会治理水平的差异，逐步实现社会治理水平全国范围内的整体性提升。

第三，要在保障社会治理财政投入整体水平提升的基础上，加大对公共服务治理、社会保障治理和社会参与治理的投入，尤其是公共服务治理的投入，逐步改变社会治理投入以社会安全治理投入为主的现状，实现社会治理主要领域、主要方面的协调均衡发展。

第四，调整和规范中央政府与地方政府的财政关系，合理划分中央政府和地方政府的财政事权，明确各级政府的财政支出责任，建立健全与事权相匹配的转移支付制度，实现社会治理财政投入的层次性和平衡性。

第五，完善当前纵向转移模式，构建财政纵向转移和横向转移相结合的混合型模式，即完善中央政府对地方政府、上级政府对下级政府的财政转移支付，还要逐步实现区域间、政府间的财政支付转移，如东部地区向中部、西部的转移支付，从而最终实现社会治理水平区域间、省份间的协调发展。

（三）人员保障：提高人员能力素质，合理配备相关人员

指标体系构建与实证分析结果显示，社会治理相关人员投入水平会直接影响社会治理水平的提升。从理论上看，“人”是社会治理的主体，而从事社会治理相关人员就是抽象“人”的重要载体之一，社会治理相关人员的素质和能力在很大程度上直接影响到社会治理的效率和效益，即社会治理水平。因而在新型城镇化背景下，社会治理水平的提升，仍然离不开社会治理相关人员能力素质的提升，以及人员合理配备情况。具体来说，主要做到以下几点：

1. 全方位提高社会治理人员的能力素质

新型城镇化背景下社会治理是一项涉及人口、资源、环境、生态、土地等多方面的复杂性系统工程，对社会治理人员的能力素质提出了更高要求。一是要提高社会治理人员的政治素质，即要求社会治理人员要主动学习，自觉践行社会主义核心价值体系，落实科学发展观，树立为人民服务的宗旨，提高责任心。二是要提高社会治理人员的知识素质，新型城镇化背景下的社会治理不仅管理内容变多变杂，而且管理难度也加大，社会治理人员不具备较为全面的知识素质是行不通的，因而必须提高包括所管理领域专业知识在内的相关社会科学知识和管理知识等。三是要提高社会治理人员的能力素质，相对于知识素质而言，能力素质是建立在一定知识素质上的更高层次素质。因而要提高社会治理人员能力素质，主要是要提高社会治理人员的专业技术能力、人事组织能力、综合分析能力、科学决策能力等素质。①

2. 因才适用，合理配备社会治理人员

拥有一批较高能力素质的社会治理人员，倘若不能进行合理配备，也是不能发挥人员的保障作用，因而合理配备社会治理人员与提高人员能力素质同等重要。具体来说，一是坚持正确用人导向，合理配备人员。即要纠正传统的官本位用人导向，保证具有较高能力素质的社会治理人员向基层转移、向一线配备，纠正不重视基层社会治理

---

① 程波辉：《中国政府社会管理观念变革的十大取向》，《云南社会科学》2012 年第 11 期。

人员配备的错误理念；纠正经验主义的非科学化用人倾向，注重培养和使用专业化的社会治理人员，明确社会治理相关岗位的准入条件和绩效考核标准，增强社会治理相关人员的岗位胜任力。二是建立合理的绩效考评机制，依据评价结果进行人员配备。即要按照贡献和能力两方面建立科学的社会治理人员绩效考评机制，坚持外部评估与自我评估相结合的方式对相关人员进行评估，并依据评估结果对相关人员进行调整，做到适才适用，最大限度地发挥相关人员的潜能和能力。

（四）机构保障：凸显服务价值取向，设立专门管理机构

指标体系构建与实证分析结果显示，社会治理相关机构投入水平也会直接影响社会治理水平的提升。从理论上看，社会治理水平的高低不仅取决于政府自身的建设、相关人员能力素质外，而且还取决于相关机构的完备程度。因而新型城镇化背景下社会治理水平的提升，需要凸显服务价值取向，设立专门社会治理机构，提供机构上的保障。具体来说，主要做到以下几点：

第一，要适应社会治理的新要求和新需要，遵行我国社会治理的客观规律，尊重公众的真实需求和真实意愿，实现现有社会治理机构的价值取向由“管控”向“服务”的转变，即由主导职能向服务主导职能的转变；与此同时还要根据经济社会发展的需求，以及社会治理面临的新任务和可能遭受的风险，适时建立相应的社会治理配套机构，为社会治理水平提升提供组织上的保障。

第二，统一权责，设立专门管理机构。现阶段很多地方政府成立社会治理机构，但这些机构种类繁多，归口不一，权责不对等，如北京市、上海市、广东省成立社会工作委员会、社会建设办公室来负责社会治理，江苏省主要由民政厅来抓社会治理，还有的是群众工作部（海南等）、政法委（四川等）来负责社会治理，这在一定程度上影响了社会治理水平提升。因而应通过相关法律法规来明确社会治理职能，并根据各地发展实际情况，构建一个分工明确、权责清晰、人员配备合理的专门性社会治理机构，通过实施部门间的统筹合作，专门负责社会治理相关领域工作的开展。

三 把握城镇化与社会治理互动规律，平衡经济建设与社会治理的关系

上述分析表明，新型城镇化与社会治理之间具有价值、工具两大层面的耦合关系，并互为动力、互为目的，二者的协调均衡发展离不开经济发展水平的支撑。实证结果也显示，经济发展水平与社会治理水平呈现显著正相关关系。一般来说，经济发展水平较高，用于社会治理的相关投入水平也相对较高，社会治理水平也相对较高。因而在新型城镇化背景下要提高社会治理的层次和水平，经济的支撑必不可少。与此同时，经济的持续快速发展始终是社会进步和民生发展的基础，脱离这个标准的民生改善、权利保障和秩序维系都是不现实的。因而在当前阶段经济建设始终要摆在一个很重要的位置上。但这并不意味着政府管理的重心完全在经济建设上，而是要在此基础上，平衡经济建设与社会治理之间的关系，在经济持续快速增长的基础上加强和创新社会治理。具体来说，需要做到以下几点：

（一）以经济建设为中心，夯实社会治理物质基础

改革开放后，虽然我国经济取得持续飞速发展，但经济建设这个中心仍然不能动摇，因而它是社会建设和社会治理不可缺少的物质基础。在当前阶段，我国社会治理模式还是政府主导的投入型模式，社会治理投入水平在很大程度上决定了社会治理水平的高低，而社会治理投入水平离不开经济的发展。在新型城镇化背景下，需要从以下几方面发展经济，从而为社会治理投入提供保障：首先，要遵行区域的发展特点和比较优势，对区域整体发展作出科学的分析和判断，明确区域在一定时期的基本发展目标和实现这一目标的途径，实施适合自身的区域发展战略；其次，更加注重区域的特殊性，注重发展方式和可持续发展之间的关系，加强主体功能区的建设，缩小区域间的差距，促进区域协调发展，培育出新的区域增长极；最后，实施区域发展战略，培育新的区域增长极过程中，在以人为本价值取向导向下，实现新型城镇化与社会治理的协调发展，进而协调经济、社会与环境的可持续发展。只有这样，依托科学合理的区域发展战略，精心培育新的区域增长极，逐步增加区域经济实力，走绿色、集约的发展之

路，才能为新型城镇化背景下社会治理提供坚实的物质基础。

（二）兼顾效率与公平，平衡经济建设与社会治理的关系

从社会建设理论出发，经济建设主要涉及的是经济领域，社会治理主要涉及的是社会领域。长期以来，在以经济建设为唯一中心的导向下，一切唯“经济建设”是举，并衍射出 GDP 为地区发展水平的唯一指标。在这种发展思维的影响下，我国发展过程中长期存在着“一条腿长、一条腿短”的失衡局面，即经济飞速发展，社会体制改革停滞不前的局面。而在新型城镇化背景下，单纯追求经济建设是行不通的，而必须在注重经济建设和经济调控基础上加强和创新社会治理，更加凸显民生的改善、权利的保障和秩序的维系，平衡经济建设与社会治理之间的关系。一是在经济发展基础上更加凸显社会治理的公共服务职能。在尊重人的真实需求和意愿的基础上，不断扩大公共服务的领域和内容，向公众提供更高质量、更高层次的公共服务，在兼顾效率和公平基础上更加偏向公平。二是在经济发展的基础上，将更多的财政收入用于民生，坚持以民生为本，并将其向弱势群体和劣势地区倾斜，从而保障社会治理投入的群体间、区域间的相对公平。三是合理划分经济建设和社会建设的权限，让治理主体“有所为，有所不为”，解决政府的越位和缺位并存的问题，实现政府的公共性和服务性，以此来解决社会问题，化解社会矛盾，降低社会风险。

四　重塑以人为本价值取向，完善利益表达与实现机制

上述分析显示，以人为本是新型城镇化背景下社会治理的价值取向，因为新型城镇化的核心是“人的城镇化”，新型城镇化背景下社会治理的核心是“人的管理与服务”。传统社会治理正是因为没有坚持以人为本的价值取向，致使传统社会治理身陷“成本高、收益低、风险大”的窘境。与此同时，公众的利益表达与实现机制畅通与完善是“以人为本”价值取向的具体体现，也是在新型城镇化背景下，面对多元利益诉求并存而不得不思索的问题。因而在新型城镇化背景下，要坚持以人为本的价值取向，更新社会治理理念，从公众的真实利益诉求出发，完善利益表达与实现机制。具体来说，主要应做到以下几点：

（一）重塑以人为本价值取向，更新社会治理理念

治理理念是在价值取向导向下生成的，二者之间具有内在的一致性和契合性。同样道理，社会治理理念与以人为本的价值取向也具有内在的一致性。在过去很长一段时间，由于受到“官本位”等传统思想的影响，传统社会治理秉承的是“权力本位”管理理念，即单纯依靠行政力量进行统治性管控，而这被实践证明了已不再适应时代发展的新要求。因而，在新型城镇化背景下，要彻底抛弃传统社会治理理念，树立“公民本位、权利本位、社会本位”的治理理念，重塑以人为本的价值取向，建立公平正义的多元社会治理格局，从社会的监督者、控制者向为公民和社会提供公共产品、保障公民权益、维护社会公平正义的服务者、管理者转变，更加关注弱势群体、困难群体的利益表达与实现，维护其合法权益，保障其基本生活，及时化解社会矛盾，降低社会风险，提高社会治理水平。

（二）拓宽利益表达渠道，重构利益表达机制

“利益表达机制是一种能够及时全面地反映各利益主体利益需要和利益偏好，旨在获得社会各界认识并认同的利益沟通体系”。[①] 通常情况下，利益表达机制的完善程度也用来衡量一个社会公众参与水平的高低。畅通的利益表达机制是预防和化解社会矛盾机制的重要组成部分，能在一定程度上搭建包括政府在内的社会治理主体与不同基层、不同群体之间利益沟通渠道，使在决策过程中，能将分散的个人或团体利益整合为国家的整体利益，从而既能提高公众参与的水平，又能提高决策的科学性和合理性。从实践来看，我国目前利益表达机制比较成熟的只有信访，但信访制度存在制度设计上的缺陷，无法满足日益增长的多元诉求。因而新型城镇化背景下社会治理必须大力拓宽利益表达渠道，重构利益表达机制。具体来说，主要应做到以下几点：

1. 畅通公众利益诉求的渠道

公众利益诉求是公众为了实现自身利益，向政府或社会发出的正

---

① 王传发：《建立和完善构建和谐社会必需的社会机制》，《云南行政学院学报》2006年第5期。

当请求。但是，在我国现实中，由于种种原因，社会强势群体在利益诉求表达方面更为充分、有效，而社会弱势群体则在利益诉求表达方面明显处于劣势，表达渠道也不够畅通。因而要彻底改变这种局面，就必须立足于社会弱势群体，构建相关的法律法规，畅通他们利益表达渠道，疏通利益表达机制，及时认识、接收、处理他们正当的利益诉求，保护他们的合法权益，消除他们的不满情绪，及时化解社会矛盾，降低社会治理的风险。

2. 构建利益表达的制度平台

通过构建专门的利益表达制度平台，将社会各阶层，尤其是弱势群体的合理利益诉求，通过制度化、规范化的渠道输入公共决策过程中，进而提高公共决策的科学性和合理性。一是完善旨在保障公平正义的相关制度建设，鼓励公众的有序参与，引导公众依法、合理表达自身利益诉求，保障自身的知情权、参与权、管理权、表达权、决策权和监督权，发挥城乡基层自治组织作用，扩大基层民主，保障公众对社会公共事务的管理。二是在现行法律法规的影响下，加紧建设新型的利益表达制度，如公众舆情调查制度、信息网络公开制度、听证会制度、公民网上评政制度等，从制度角度拓宽公众利益表达的渠道，搭建利益表达的制度平台。

（三）注重公平正义，完善利益实现机制

利益实现机制就是指利益分配机制，通常是与利益表达机制联系在一起的，旨在衡量利益分配的公平性和效率性。构建兼顾公平和效率，更加注重公平正义的利益实现机制，可以有效避免和减少利益分配的盲目性、自发性和无序性，极大地缓解利益分配中可能造成的利益冲突和利益摩擦，维护社会稳定与和谐。从实践中看，我国现行的利益实现机制并不完善，表现为利益分化严重、利益分配不均、利益冲突和摩擦加剧。因而在新型城镇化背景下社会治理必须更加注重公平正义，完善利益实现机制。具体来说，主要做到以下几点：

1. 尊重利益的多元化，更加注重利益实现的公平正义

新型城镇化背景下，公众利益诉求呈现出更加多元化的特征，因而要求利益分配主体在尊重利益多元化需求的基础上，建立更加完善

的宏观调控体系，加强对利益分配的引导和调控，更加注重公平正义，构建政府主导、各个利益主体利益实现途径和实现程度的自我制约机制。与此同时，在保障公平正义的前提下，将市场机制引入利益实现机制中来，保障法律和制度为核心的利益约束机制，规范利益分配秩序，借助市场竞争机制来重新组合、调整各个利益主体之间的关系，注重效率和公平的协调，构建并完善公众正当利益的实现机制。

2. 完善相关法律法规，保障正当利益的实现

利益实现既是保障公民权利的综合体现，也是衡量一个社会文明民主程度的重要标志。其特殊地位和重要功能决定了其应从法律法规的角度来保障公众正当利益的实现。因而应完善现有相关法律法规的衔接性和配套性，加强相关法律法规的建设力度，规范各利益主体及其行为，促使各利益主体在不损害他人正当利益的前提下，普遍地、自觉地追求自身利益实现，确保各个利益主体在追求自身利益的同时，又不损害他人利益的轨道规范运行，从而尽可能减少不同利益主体之间的利益冲突与摩擦，及时化解社会矛盾和社会问题，实现社会安定有序发展。

第八章　总结与展望

第一节　研究结论

本书首先对“新型城镇化”和“社会治理”两个核心概念的内涵进行了界定，并系统阐述了理论基础——公共治理理论和政府绩效评估理论；其次基于新型城镇化与社会治理的内涵、核心和新特征，概括出新型城镇化背景下社会治理的价值取向是以人为本，据此确定新型城镇化背景下社会治理的三大目标：维系秩序、保障权利和改善民生，并在此逻辑下，进一步概括出新型城镇化背景下社会治理四个主要方面：社会保障治理、社会安全治理、公共服务治理和社会参与治理；再次通过一系列指标的筛选与优化，构建了包括 4 个一级指数、25 个具体指标的多层次复合评价指标体系，并采用 TOPSIS 分析法，对 2011 年全国 30 个省（市、自治区）社会治理水平进行测算与分析，在此基础上对社会治理水平及子系统水平进行分类研究，进一步探讨了社会治理水平与经济发展水平的关系；最后，基于上述研究和分析，立足于实证的主要结论，提出具体的政策建议。在此研究思路下，本书研究结论主要体现在以下几个方面：

第一，基于新型城镇化的核心是人的城镇化，新型城镇化背景下社会治理的核心是人的管理与服务，抽象出新型城镇化背景下社会治理的价值取向是以人为本，三大目标是维系秩序、保障权利和改善民生。

说到底新型城镇化的核心是人的城镇化，而新型城镇化背景下社会治理的核心也是围绕人展开的，即实现向“人的管理与服务”转变，尊重人、关心人、解放人、发展人、实现人，而这与以人为本的内涵不谋而合，因而新型城镇化背景下社会治理的价值取向是以人为本。具体来说，新型城镇化背景下社会治理“以人为本”的价值取向主要表现在尊重人的主体地位、凸显人的管理与服务、关注弱势人的利益分配与保障、实现人的全面发展四个方面。新型城镇化背景下社会治理评价的目标是在以人为本的价值取向直接影响下形成的，具体表现为人的生产、生活秩序的维护、人的权利保障和人的利益实现与保障（民生改善），而这可简化为三大目标价值取向：维系秩序、保障权利和改善民生。其中维系秩序主要表现在对扰乱正常社会秩序的事务进行管理（或服务）与规范社会关系和社会行为、构建安定有序的服务型社会两个方面。保障权利主要表现在保障公民生存、生活的基本民生权利和保障公民的社会参与权利两个方面。改善民生主要表现在基本民生、底线民生和热点民生三个方面的改善。

第二，基于新型城镇化与社会治理的耦合关系，从新型城镇化背景下社会治理“维系秩序、保障权利和改善民生”三大目标实现的依赖路径出发，凝练出新型城镇化背景下社会治理社会保障治理、社会安全治理、公共服务治理和社会参与治理四个主要方面。

在以人为本价值取向的引导下，新型城镇化背景下社会治理的三大目标是维系秩序、保障权利和改善民生，它们之间是相互联系、相互影响的统一整体。从路径依赖的角度出发，在新型城镇化背景下，社会治理三大目标的实现所依赖的主要方面实际上就是新型城镇化背景下社会治理所要关注的重要方面和领域。具体来说，维系秩序目标的实现离不开社会安全治理、公共服务治理和社会保障治理三个方面和领域；保障权利目标的实现离不开公共服务治理、社会保障治理和社会参与治理三个重要方面和领域；改善民生目标的实现离不开公共服务治理和社会保障治理两个核心方面和领域。因而综上所述，新型城镇化背景下社会治理的重点领域和内容应是社会保障治理、社会安全治理、公共服务治理和社会参与治理。这四大方面或内容的确立不仅进一步丰富了新型城镇化背景下社会治理的内涵，而且更重要的是为指标体系的构建，尤其是一级指数的设定奠定了重要的理论基础。

第三，基于“新型城镇化与社会治理耦合关系”的外在逻辑，以及“新型城镇化背景下社会治理三大目标实现”的内在逻辑，通过指标初选、经验性筛选和鉴别力筛选，最终构建了包括社会保障治理指数、社会安全治理指数、公共服务治理指数和社会参与治理指数 4 个一级指数、25 个具体指标的新型城镇化背景下社会治理评价指标体系。

“新型城镇化与社会治理耦合关系”的外在逻辑表明了新型城镇化与社会治理之间存在内在一致性和契合性，为二者有机结合在一起构建指标体系提供了理论上的可能性；“新型城镇化背景下社会治理三大目标实现”的内在逻辑则从目标实现所依赖路径出发，指明了新型城镇化背景下社会治理的社会保障治理、社会安全治理、公共服务治理和社会参与治理四个方面。而后基于投入与产出两个角度，对指标进行初选、经验性筛选（指标剔除、合成处理）、鉴别力筛选（一致性系数检验），最终构建了凸显新型城镇化与社会治理高度契合特征，包括社会保障治理指数、社会安全治理指数、公共服务治理指数和社会参与治理指数 4 个一级指数，25 个具体指标的新型城镇化背景下社会治理评价指标体系。通过实践检验，该指标体系容量适中，指标体系的代表性较强，具有较好的科学性和合理性，能较好实现评价目标。

第四，采用 TOPSIS 法，对不同省份、区域社会治理一级指数和社会治理指数进行了测算分析，并对社会治理及其子系统水平进行了分类研究，实证结果表明：社会治理总体水平比较低，且省份、区域间个体差异较大；东中西区域间社会治理水平呈现出广口 U 形特征；省份间社会治理水平呈现葫芦形非均衡发展特征，可划分为 8 种不同类型；社会治理水平与经济发展关系密切。

根据数据特征和评价思路，采用了 TOPSIS 法，对不同省份、区域社会治理一级指数和社会治理指数进行了测算分析，通过聚类分析法划分了区域等级，并对社会治理及其子系统水平进行了分类研究，坚持了共性研究与个性研究相结合的原则。实证结果表明：

（1）不仅衡量社会治理水平的四大方面——社会保障治理水平、社会安全治理水平、公共服务治理水平、社会参与治理水平比较低，个体差异较大，而且社会治理总体水平也较低，个体表现出较大的差异。

（2）东部、中部、西部三大区域间社会治理水平呈现出东部地区最高、西部地区其次、中部地区最低的广口“U”形特征。

（3）省份间社会治理水平呈现出葫芦形发展特征，即最为理想发展型（社会治理水平较高协调型）、次理想发展型（社会治理水平较高亚协调型）覆盖地域最少，而最为不理想发展型（社会治理水平较低非协调型）、次不理想发展型（社会治理水平较低亚协调型）覆盖地域最广，中间状态发展型覆盖地域居中的特征。

（4）社会治理子系统水平与经济发展水平不全是呈现出正相关关系，但社会治理水平与经济发展水平存在显著正相关关系，且相关程度较高。

第五，立足理论分析与实证研究结论，充分把握新型城镇化背景下社会治理的客观发展规律，基于“政府—市场—社会”三方互动的视角，提出发挥政府主导作用，构建多元主体参与机制；加大社会治理人、财、物投入，构建全方位社会治理保障机制；把握城镇化与社会治理互动关系，平衡经济建设与社会治理的关系；重塑以人为本的价值取向，完善利益表达与实现机制的政策建议。

立足理论分析与实证研究结论，充分把握新型城镇化背景下社会治理的客观发展规律，在遵循客观规律的基础上积极发挥人的主观能动性，基于“政府—市场—社会”三方互动的视角，从促进社会保障治理、社会安全治理、公共服务治理、社会参与治理水平提升的角度，提出以下提升新型城镇化背景下社会治理水平的政策建议：

（1）发挥政府主导作用，构建多元主体参与机制。加快政府转型，发挥政府主导作用；培育和扶持社会组织，提高社会组织公信力；推进城乡基层自治组织建设，发挥基层民主自治；拓宽公众参与渠道，鼓励公众有序参与。

（2）加大社会治理人力、财力、物力投入，构建全方位社会治理保障机制。提高制度供给能力，加强相关制度重构；优化公共支出结构，建立合理转移支付制度；提高人员能力素质，合理配备相关人员；凸显服务价值取向，设立专门管理机构。

（3）把握城镇化与社会治理互动规律，平衡经济建设与社会治理之间的关系。以经济建设为中线，夯实社会治理物质基础；兼顾效率与公平，平衡经济建设与社会治理之间的关系。

（4）重塑以人为本价值取向，完善利益表达与实现机制。具体来说，重塑以人为本价值取向，更新社会治理理念；拓宽利益表达渠道，重构利益表达机制；注重公平正义，完善利益实现机制。

第二节　研究不足

目前阶段，新型城镇化是我国当前最大的结构调整、最大的内需源泉，既是前瞻性的发展战略，也是研究中国社会问题的最大背景。在新型城镇化背景下，构建体现城镇化与社会治理互动规律的社会治理评价指标体系，并对不同区域、省份间社会治理水平进行测度分析，探索其发展规律，不仅是学界研究的重点内容和方面，而且也是新时期加强、创新社会治理的实践性问题。但是由于笔者的研究能力和水平有限，以及相关统计资料的缺失，本书研究还存在一些不足之处，有待日后研究与改进。

一　关于指标体系构建的科学性、合理性问题

尽管笔者在研究过程中，基于以人为本的价值取向，构建了理论基础，并依据相关专家学者的意见，对指标设计经历了从初选到经验性筛选，到鉴别力筛选的全过程，力争保证指标体系的科学性和合理性。但是，由于看问题的角度，以及个人偏好等不确定因素的影响，不可避免地在某些指标取舍上存在一些不足，指标体系的科学性、合理性有待进一步加强。另外，指标体系设计也是仁者见仁、智者见智的问题，争议讨论也是不可避免的。

二　关于主观满意度指标的取舍问题

通过本书研究，笔者认为，新型城镇化背景下社会治理最大特征

是由“管控”向“服务”转变，更加凸显“人”的管理与服务。说到底新型城镇化背景下社会治理就是向公众提供服务的过程，对服务的质量和水平的评价是衡量社会治理绩效的一个重要方面。而对服务质量和水平的评价，主观满意度测量是不可回避的。本书在指标初选过程中，曾尝试引入满意度指标，但由于受到样本规模、数据来源，以及主观指标数据收集难度较大，指标个体特征差异明显等原因的影响，不得不暂时放弃对主观满意度指标的考察，从而尽可能保证评价结果的科学性和合理性。

三　关于截面数据分析的代表性问题

本书在实证分析过程中，以全国30个省（市、自治区）为样本，基于2011年时间点进行实证分析，属于典型的截面数据分析。可能有人会质疑，与时间序列、面板数据相比，截面数据分析的缺点是显而易见的，即在一定程度上忽略了个体的差异，不能动态反映个体变化趋势问题，代表性不足。但笔者认可计量经济学大师伍德里奇的观点，认为每种数据分析方法都有自己不可替代的优点，具体来说，虽然截面数据分析存在一些缺陷，但它关注的时间点和对象更集中，仍然能透彻分析问题，并能快速揭示计量分析中的大多数重要主题。[①]因而，对于这个问题同样是仁者见仁、智者见智的问题，争议讨论仍会一直持续下去。

第三节　研究展望

新型城镇化不仅是一项释放改革红利的系统性工程，也是研究我国社会问题的最大背景，而加强、创新新型城镇化背景下社会治理更是一项长期而艰巨的任务，具有现实紧迫性和重要性。理论来源于实践并指导实践，在此背景下，未来很长一段时间，学术界会更加关注

---

① J. M. 伍德里奇：《计量经济学导论》第三版，中国人民大学出版社2007年版，第12页。

以下问题的研究。

一　关于新型城镇化与社会治理之间关系、演化逻辑的研究

新型城镇化与社会治理既可以单独作为两项复杂的系统工程推进，但更多时候，二者之间并不能独立出来，而是互相联系、互相影响的关系。因而在统一政策实施与推进的框架下，把握二者之间的关系以及演化逻辑对相关政策制定具有重要意义。毫无疑问，在未来很长一段时间内，新型城镇化与社会治理之间的关系，以及二者的演化逻辑的研究将成为学术界研究的热点和重点。

二　关于融合主观满意度指标和客观指标的指标体系的构建研究

从属性来看，新型城镇化背景下社会治理实质是向公众提供服务的过程，对新型城镇化背景下社会治理水平的评价自然不能缺少主观满意度的测评。因而在此背景下，应逐步引入企业管理中的满意度指标测量体系及方法，立足于社会治理的实际情况，进行有针对性的改良，将主观满意度指标有机融入，与客观指标共同组成指标体系。这类研究将成为学术界研究的热点和重点。

三　关于新型城镇化背景下社会治理评价指标体系的应用研究

新型城镇化背景下社会治理评价指标体系构建的目的在于能应用该指标体系，科学、客观评价不同区域、不同省份社会治理水平，从而进行比较分析，得出一些有益的结论。因而在此背景下，引入计量经济学、统计学学科中相关研究方法，基于不同数据结构类型，站在不同视角进行系统性研究，探索并把握社会治理发展的规律和特征，进而指导并服务实践。这将不可避免地成为学术界研究的热点和重点。

附录1　新型城镇化背景下社会治理评价指标体系调查问卷

尊敬的先生/女士：

您好！非常感谢您在百忙中参与本次问卷调查。

当前阶段，新型城镇化是研究我国社会问题的最大背景，社会治理评价指标体系是社会治理水平科学评估的前提。构建科学的新型城镇化背景下社会治理评价指标体系，有助于开创社会治理科学计量研究的新视角，建立社会治理的科学评价标准，确立社会治理的新思维和新模式，实现标本兼治的可持续性社会治理。因此，立足于新型城镇化背景，构建一套科学的社会治理评价指标体系，具有重要的理论和现实意义。据此，我们开展了本次调查。

本问卷依据李克特量表设置，请您用5分制（其中5分、4分、3分、2分、1分分别对应评价对象所列指标非常重要、比较重要、一般、比较不重要和非常不重要的程度），请根据您认为的各项指标重要程度不同，在相应的空格处标示出来。本次调查不记名，所有调查结果仅作学术研究使用，请您放心填写。

再次对您的大力支持和帮助表示衷心的感谢。

北京师范大学政府管理学院

2013年7月

附表 1－1

目标层	准则层	评价赋值				
		5 分	4 分	3 分	2 分	1 分
新型城镇化背景下社会治理评价指标体系	社会保障治理					
	社会安全治理					
	公共服务治理					
	社会参与治理					

附表 1－2

目标层	准则层	指标层	评价赋值				
			5 分	4 分	3 分	2 分	1 分
新型城镇化背景下社会治理评价指标体系	社会保障治理	人均社会保障投入					
		基本社会保险综合覆盖率					
		社会救济综合覆盖率					
		万人社会福利机构数					
		社会优抚综合覆盖率					
		请填写您认为重要的其他社会保障治理类指标：					
	社会安全治理	人均社会安全投入					
		万人刑事案件审结数					
		万人交通事故数					
		万人火灾事故数					
		工伤事故死亡率					
		请填写您认为重要的其他社会保障治理类指标：					
	公共服务治理	人均公共服务投入					
		万人学校数					
		万人专任教师数					
		万人公共医疗卫生机构数					
		万人卫生技术人员数					
		万人公共文化机构数					
		万人公共文化机构从业人员数					
		万人公共就业机构数					
		万人公共就业机构职工数					
		请填写您认为重要的其他社会保障治理类指标：					

续表

目标层	准则层	指标层	评价赋值				
			5 分	4 分	3 分	2 分	1 分
新型城镇化背景下社会治理评价指标体系	社会参与治理	人均社会组织增加值					
		万人社会组织数					
		万人社会组织职工数					
		人均自治组织增加值					
		万人自治组织数					
		万人自治组织管理人员数					
		请填写您认为重要的其他社会保障治理类指标：					

附录2　原始指标值

附表1　　2011年全国30个省（市、自治区）社会保障治理指数中原始指标值

地区	A_{11}人均社会保障支出（元）	A_{12}基本社会保险覆盖率（%）	A_{13}社会救济覆盖率（%）	A_{14}每万人社会福利机构数（个）	A_{15}社会优抚覆盖率（%）
北　京	1758.05	71.52	2.09	0.34	0.20
天　津	1242.36	69.53	2.98	0.24	0.32
河　北	588.67	68.78	4.77	0.15	0.67
山　西	895.07	66.29	7.74	0.15	0.41
内蒙古	1466.61	58.22	9.87	0.10	0.27
辽　宁	1499.79	73.11	8.42	0.50	0.42
吉　林	1087.47	66.55	15.57	0.25	0.42
黑龙江	1022.56	37.01	11.54	0.18	0.36
上　海	1778.52	68.11	1.90	0.57	0.16
江　苏	609.78	76.28	3.79	0.44	0.63
浙　江	534.18	71.94	2.02	0.50	0.27
安　徽	658.48	79.06	7.22	0.07	0.66
福　建	497.10	68.94	3.14	0.11	0.44
江　西	607.67	72.65	9.97	0.10	0.64
山　东	520.43	77.98	3.28	0.15	1.04
河　南	583.68	76.70	7.53	0.12	0.79
湖　北	780.36	74.86	9.56	0.15	0.90
湖　南	734.49	73.70	9.85	0.11	1.14
广　东	522.28	67.70	2.79	0.03	0.37
广　西	539.59	66.90	9.50	0.06	0.54

续表

地区	A_{11}人均社会保障支出（元）	A_{12}基本社会保险覆盖率（%）	A_{13}社会救济覆盖率（%）	A_{14}每万人社会福利机构数（个）	A_{15}社会优抚覆盖率（%）
海　南	1071.88	70.02	10.74	0.02	0.29
重　庆	1160.53	91.16	11.90	0.27	0.93
四　川	802.22	71.55	13.49	0.11	0.98
贵　州	561.53	69.48	20.18	0.04	0.64
云　南	834.63	63.84	17.70	0.09	0.80
陕　西	976.41	74.66	8.25	0.08	0.72
甘　肃	1088.92	69.29	15.15	0.06	0.43
青　海	2878.89	66.70	25.17	0.04	0.24
宁　夏	1125.19	66.89	19.81	0.15	0.12
新　疆	912.93	63.34	19.01	0.12	0.16

注：指标说明详见本书第五章第三节。

附表 2　　2011 年全国 30 个省（市、自治区）社会安全治理指数中原始指标值

地区	A_{21}人均社会安全支出（元）	A_{22}每万人刑事案件审结（件）	A_{23}每万人交通事故数（起）	A_{24}每万人火灾事故数（起）	A_{25}工伤事故数死亡率（%）
北　京	1083.33	9.62	1.95	2.00	2.36
天　津	741.03	7.20	1.92	0.62	1.57
河　北	277.58	4.70	0.72	0.63	3.62
山　西	362.68	5.91	1.74	1.30	4.77
内蒙古	587.82	7.00	1.85	4.18	4.72
辽　宁	479.79	9.29	1.47	0.93	2.26
吉　林	432.13	6.26	1.32	2.76	2.68
黑龙江	368.34	5.82	0.90	0.62	2.72
上　海	878.01	8.95	0.89	2.48	1.35
江　苏	470.20	7.69	1.70	0.60	1.52
浙　江	532.44	12.08	3.69	0.65	0.51

续表

地区	A_{21}人均社会安全支出（元）	A_{22}每万人刑事案件审结（件）	A_{23}每万人交通事故数（起）	A_{24}每万人火灾事故数（起）	A_{25}工伤事故数死亡率（%）
安　徽	215. 45	4. 27	2. 35	0. 98	2. 05
福　建	389. 09	10. 48	3. 10	1. 11	1. 63
江　西	276. 04	4. 35	0. 75	1. 04	1. 84
山　东	285. 04	5. 00	1. 39	0. 40	2. 63
河　南	218. 15	5. 58	0. 73	0. 37	4. 01
湖　北	327. 23	4. 29	1. 13	1. 44	2. 49
湖　南	264. 45	5. 12	1. 23	0. 57	1. 99
广　东	542. 46	8. 61	2. 53	0. 78	0. 85
广　西	300. 19	6. 03	0. 92	0. 41	2. 69
海　南	606. 72	8. 69	1. 98	0. 81	2. 76
重　庆	427. 99	8. 96	1. 96	1. 29	1. 16
四　川	305. 68	5. 09	1. 47	0. 69	2. 22
贵　州	338. 19	6. 46	0. 45	0. 34	3. 44
云　南	357. 00	3. 97	1. 08	0. 29	3. 15
陕　西	342. 17	4. 64	1. 70	1. 34	3. 80
甘　肃	313. 20	5. 46	1. 18	0. 35	5. 43
青　海	617. 77	5. 52	2. 05	2. 97	5. 57
宁　夏	549. 22	8. 13	2. 86	5. 09	4. 58
新　疆	662. 29	7. 74	2. 35	2. 31	4. 24

注：指标说明详见本书第五章第三节。

附表 3　　2011 年全国 30 个省（市、自治区）公共服务治理指数中原始指标值

地区	A_{31}人均公共服务支出（元）	A_{32}万名学生学校数（个）	A_{33}万名学生教师数（人）	A_{34}万人医疗卫生机构数（个）	A_{35}万人卫生技术人员数（人）
北　京	4124. 54	10. 25	913. 61	4. 70	90. 13
天　津	3118. 89	10. 28	758. 63	3. 27	54. 11

续表

地区	A_{31}人均公共服务支出（元）	A_{32}万名学生学校数（个）	A_{33}万名学生教师数（人）	A_{34}万人医疗卫生机构数（个）	A_{35}万人卫生技术人员数（人）
河　北	1388.45	16.62	638.86	11.07	41.66
山　西	1752.24	23.24	685.43	11.23	53.27
内蒙古	2514.64	12.19	753.79	9.23	53.03
辽　宁	1813.28	14.64	706.27	8.04	53.76
吉　林	1847.45	22.08	780.06	7.20	50.56
黑龙江	1537.69	17.60	755.51	5.67	50.87
上　海	3442.32	8.64	746.88	2.02	59.95
江　苏	1974.91	7.86	695.16	4.01	44.38
浙　江	2041.90	9.18	602.53	5.59	56.18
安　徽	1515.23	18.64	571.10	3.83	36.46
福　建	1617.98	15.72	690.17	7.30	42.69
江　西	1582.76	17.93	533.30	8.72	36.97
山　东	1556.32	12.03	654.60	7.08	49.99
河　南	1359.35	17.52	507.45	8.11	42.21
湖　北	1359.18	12.32	600.12	6.19	46.57
湖　南	1277.31	16.23	603.82	9.04	42.83
广　东	1744.13	11.71	549.79	4.37	46.22
广　西	1565.66	21.23	542.01	7.33	43.92
海　南	2213.17	18.44	637.65	5.49	49.35
重　庆	1690.85	15.06	594.75	6.05	41.16
四　川	1422.32	11.65	562.26	9.42	43.76
贵　州	1687.74	20.25	504.71	7.48	32.81
云　南	1652.67	20.88	573.10	5.02	32.60
陕　西	2106.40	18.98	671.93	9.72	52.68
甘　肃	1796.20	28.50	629.75	10.39	41.30
青　海	3376.98	22.05	586.26	10.36	48.44
宁　夏	2471.66	19.40	573.96	6.46	50.02
新　疆	2625.65	14.21	749.66	7.88	59.13

注：指标说明详见本书第五章第三节。

附表4　　2011年全国30个省（市、自治区）公共服务治理指数中原始指标值

地区	A_{36}万人公共文化机构数（个）	A_{37}万人公共文化机构从业人员数（人）	A_{38}万人公共就业服务机构数（个）	A_{39}万人公共就业服务机构职工数（人）
北　京	0.29	5.63	0.22	5.42
天　津	0.31	4.90	0.29	5.94
河　北	0.42	2.96	0.19	3.80
山　西	0.60	6.33	0.16	4.14
内蒙古	0.58	5.79	0.18	2.93
辽　宁	0.46	3.69	0.30	5.35
吉　林	0.44	4.08	0.34	4.36
黑龙江	0.52	3.63	0.25	4.63
上　海	0.22	8.09	0.19	5.93
江　苏	0.29	3.36	0.18	6.64
浙　江	0.44	5.86	0.18	2.87
安　徽	0.53	4.82	0.20	3.61
福　建	0.51	6.14	0.15	2.81
江　西	0.52	2.98	0.23	4.87
山　东	0.27	2.51	0.25	5.98
河　南	0.37	4.28	0.16	3.42
湖　北	0.32	3.36	0.17	3.45
湖　南	0.46	2.78	0.18	3.98
广　东	0.24	3.36	0.17	4.46
广　西	0.36	2.78	0.09	2.51
海　南	0.43	6.17	0.13	2.23
重　庆	0.50	3.78	0.25	4.81
四　川	0.69	3.44	0.22	3.81
贵　州	0.52	2.84	0.09	2.04
云　南	0.42	3.18	0.17	4.38
陕　西	0.59	5.91	0.12	4.44

续表

地区	A_{36}万人公共文化机构数（个）	A_{37}万人公共文化机构从业人员数（人）	A_{38}万人公共就业服务机构数（个）	A_{39}万人公共就业服务机构职工数（人）
甘 肃	0.70	4.98	0.22	3.10
青 海	0.97	5.58	0.27	6.28
宁 夏	0.52	6.08	0.42	21.12
新 疆	0.72	5.07	0.19	2.37

注：指标说明详见本书第五章第三节。

附表 5　　2011 年全国 30 个省（市、自治区）社会参与治理指数中原始指标值

地区	A_{41}人均社会组织增加值（元）	A_{42}万人社会组织数（个）	A_{43}万人社会组织职工数（人）	A_{44}人均自治组织增加值（元）	A_{45}万人自治组织数（个）	A_{46}万人自治组织管理人员数（人）
北 京	163.35	3.76	52.89	123.50	3.33	3.08
天 津	29.88	3.09	32.74	36.16	3.87	3.87
河 北	6.68	2.19	28.18	12.49	7.21	7.11
山 西	24.29	2.96	39.68	28.46	8.37	7.73
内蒙古	11.92	3.55	34.60	10.91	5.32	5.22
辽 宁	103.45	4.29	48.74	10.70	3.54	3.05
吉 林	4.71	3.14	38.42	3.28	4.05	3.74
黑龙江	6.04	3.39	43.96	14.33	3.06	2.59
上 海	188.12	4.42	51.57	34.47	2.32	2.02
江 苏	177.53	4.64	42.97	49.48	2.75	2.51
浙 江	89.79	5.39	53.75	89.65	6.04	5.36
安 徽	63.95	2.83	44.48	12.75	3.06	2.69
福 建	29.30	4.57	66.41	9.09	4.47	3.34
江 西	35.16	2.53	38.51	5.82	4.47	2.26
山 东	32.44	4.27	33.73	59.74	8.11	8.11
河 南	7.50	2.14	22.06	8.07	5.46	5.33
湖 北	35.73	4.05	36.96	16.20	5.16	4.79

续表

地区	A_{41}人均社会组织增加值（元）	A_{42}万人社会组织数（个）	A_{43}万人社会组织职工数（人）	A_{44}人均自治组织增加值（元）	A_{45}万人自治组织数（个）	A_{46}万人自治组织管理人员数（人）
湖　南	14.39	2.59	83.56	15.89	7.16	6.88
广　东	51.73	2.92	41.11	71.82	2.41	1.98
广　西	8.68	2.88	58.85	7.69	3.46	3.25
海　南	8.73	3.66	26.91	8.57	3.45	3.45
重　庆	51.60	3.48	34.16	10.69	3.75	3.39
四　川	14.07	3.76	48.80	10.25	6.58	6.06
贵　州	18.29	2.06	37.31	8.02	5.56	5.48
云　南	22.54	2.92	59.30	8.76	3.05	3.02
陕　西	5.68	4.05	60.48	11.31	7.74	7.59
甘　肃	11.29	3.89	63.52	5.48	6.63	5.88
青　海	8.74	4.75	47.97	2.86	8.06	6.76
宁　夏	14.08	6.71	52.66	6.19	4.30	3.96
新　疆	10.46	3.72	34.28	7.26	5.16	4.03

注：指标说明详见本书第五章第三节。

参考文献

一　英文文献

1. Abercrombie, N. , *Sociology*, Ambridge: Polity, 2004.

2. Afia Zafar, "Frequency of isolation of various subtypes and antimicrobial resistance of Shigella from urban slums of Karachi", *International Journal of Infectious Diseases*, Vol. 13, No. 6, 2009.

3. Alana Rosenberg, Kari Hartwig and Michael Merson, "Government - NGO collaboration and sustainability of orphans and vulnerable Children projects in Southern Africa", *Evaluation and Program Planning*, Vol. 31, No. 1, 2008.

4. Andrew Henley and Euclid Tsakalotos, *Corporatism and Economies*, Edward Elgar Publishing Limited, 1993.

5. Andrews, M. , "Good government means different things in different countries", *Governance: International Journal of Policy, Administration, and Institutions*, Vol. 23, No. 1, 2010.

6. Apel, K. , *Towards the Transformation of Philosophy*, London: Routledge, 1980.

7. Armstrong, A. and Francis, R. , "Social indicators - promises and problems: A critical review", *Evaluation Journal of Australasia*, No. 3, 2003.

8. Avigail I. Esenberg, *Reconstructing Political Pluralism*, New York: State University of New York Press, 1995.

9. Bemardo L. Queiroz and Andre B. Golgher, "Human capital differentials across municipalities and states in Brazil", *Population Review*, Vol. 47,

No. 2, 2008.

10. Benjamin K. Sovacool, "An international comparison of four polycentric approaches to climate and energy governance", *Energy Policy*, Vol. 39, 2011.

11. Boelhouwer, J., "Social indicators and living conditions in the Netherlands", *Social Indicators Research*, Vol. 60, 2002.

12. Brewer, G. A., "Building Social Capital: Civic Attitudes and Behavior of Public Servants", *Journal of Public Administration Research and Theory*, Vol. 13, No. 1, 2003.

13. Chen, H., "Digital Government: Technologics and Practices", *Decision Support Systems*, No. 34, 2002.

14. Choguill, C. and Solomon, E., "Social aspects of economic readjustment in Hungary: A consideration of the role of socio – economic indicators", *Social Indicators Research*, Vol. 29, No. 2, 1993.

15. Chris Ansell and Alison Gash, "Collaborative governance in theory and practice", *Journal of Public Administration Research and Theory*, No. 18, 2007.

16. Colin Murray, "Displaced Urbanization: South Africa's Rural Slums", *African Affairs*, Vol. 86, No. 344, 1987.

17. Corentin M. Barbu, "The effects of city streets on an urban disease vector", *PLOS Com – putational Biology*, Vol. 9, No. 1, 2013.

18. Coskun Selim, "The practices of strategic planning in public administration: The Case of the USA", *Amme Idaresi Dergisi*, No. 44, 2011.

19. D. W. Williams, "Measuring Government in the Early Twentieth Century", *Public Adminis – tration Review*, No. 7, 2003.

20. Dave Huitema, Erik Mostert, Wouter Egas, Sabine Moellenkamp, Claudia Pahl – Wostl and Resul Yalcin, "Adaptive Water Governance: Assessing the Institutional Prescriptions of Adaptive (Co –) Management from a Governance Perspective and Defining a Research Agenda", *Ecology and Society*, Vol. 14, No. 1, 2009.

21. David Greenberg, Donna Linksz and Marvin Mandell, *Social Experimentation and Public Policymaking*, Washington D. C. : The Urban Institute Press, 2003.

22. Dimaggio, P. and Powell, W. , *The New Institutionalism in Organizational Analysis*, Chicago: University of Chicago Press, 1991.

23. Donnison, D. V. , "The Academic Contribution to Social Reform", *Social Policy & Administration*, Vol. 34, No. 1, 2000.

24. Elinor Ostrom, "Beyond Markets and States: Polycentric Governance of Complex Economic Systems", *American Economic Review*, No. 100, 2010.

25. Emilio Antonio and William D. Taylor, *Crisis and hope in latinamerica: An Evangelical Perspective*, Chicago: Moody Press, No. 100, 1996.

26. Eneko Garmendia and Sigrid Stagl, "Public participation for sustainability and social learning: Concepts and lessons from three case studies in Europe", *Ecological Economics*, Vol. 6, No. 8, 2010.

27. Esther Martinez, Diaz Maria and Heras Gomez Leticia, *Transparency and information access at local level: The case of the municipality of Metepec, State of Mexico*, Mexico: Convergencia Revista de Ciencias Sociales, No. 19, 2012.

28. Evan S. Lieberman, "The Perils of Polycentric Governance of Infectious Disease in South Africa", *Social Science & Medicine*, No. 73, 2011.

29. F. E. Wagner and John O. Ward, "Urbanization and Migration in Brazil", *The American Journal of Economics and Sociology*, Vol. 39, No. 3, 1980.

30. Frank M. Andrews and Stephen Bassett Withey, *Social Indicators of Well - being: Americans' Perceptions of Life Quality*, Plenum Press, 1976.

31. Frederic Jr. Wakeman, "The Civil Society and Public Sphere Debate: Western Reflection on Chinese Political Culture", *Modern China*, Vol. 19, No. 2, 1993.

32. Gatautis Rimantas and Vitkauskaite Elena, *Towardse - Government In-*

teroperability: *Lithuania Case. Innovation and Knowledge Management in Twin Track Economies*: *Challenges & Solutions*, VOLS, 2009.

33. Gerard van Bortel, David Mullins and Mary Lee Rhodes, "Exploring Network Governance in Urban Regeneration, Community Involvement and Integration", *Journal of Housing and the Built Environment*, Vol. 24, No. 2, 2009.

34. Gong, P., Liang, S., Carlton, E., Jiang, Q., Wu, J. et al., "Urbanisation and Health in China", *The Lancet*, Vol. 379, 2012.

35. Goodkind, D. and West, L. A., "China's floating population: Definitions, data and recent findings", *Urban Studies*, Vol. 39, No. 12, 2002.

36. Gordon White, "Prospects Civil Society in China: A Case Study of Xiao Shan City", *The Australian Journal of Chinese Affairs*, No. 29, 1993.

37. Graham R. Marshall, "Polycentricity, Reciprocity, and Farmer Adoption of Conservation Practices under Community - based Governance", *Ecological Economics*, No. 68, 2009.

38. H. Wang and Yoon, K. C. L. S., *Multiple Attribute Decision Making*, Berlin: Spring - Verlag, 1981.

39. H. S. Geyer and T. M. Kontuly, *Differential Urbanization*: *Integrating Spatial Models*, Armold, No. 343, 1996.

40. Heilmann Sebastian, "From local experiments to national policy: The origins of China's distinctive policy process", *China Journal*, No. 59, 2008.

41. James K. Agbodzakey, "Collaborative Governance of HIV Health Services Planning Councils in Broward and Palm Beach Counties of South Florida", *Public Organization Review*, Vol. 12, No. 2, 2012.

42. Janet Vinzant Denhardt and Robert B. Denhardt, *The New Public Service*: *Serving*, *Not Steering*, New York: M. E. Sharpe, 2007.

43. Jerry Velasquez, Makiko Yashiro, Susan Yoshimura and Izumi Ono,

Innovative Communities: Community – Centred Environmental Management in Asia and the Pacific, Paris: United Nations University Press, 2005.

44. John Friedmann, *China's Urban Transition*, Minneapolis: University of Minnesota Press, 2005.

45. Johnsen, "What does 25 years of Experience Tell Us About the State of Performance Measurement in Public Policy and Management?" *Public Money and Management*, Vol. 25, No. 1, 2005.

46. Jon Pierre and Guy Peter, *What is Governance*, Macmillan Press Ltd., 2000.

47. Juan – Gabriel Cegarra – Navarroa, José Rodrigo Córdoba Pachónb and José Luis Moreno Cegarra, "E – government and citizen's engagement with local affairs through e – websites: The case of Spanish municipalities", *International Journal of Information Management*, Vol. 32, No. 5, 2012.

48. Keith G. Provan and Patrick Kenis, "Modes of Network Governance: Structure, Management, and Effectiveness", *Journal of Public Administration Research and Theory*, No. 18, 2007.

49. Kennedy, J. J., "The Price of Democracy: Vote Buying and Village Elections in China", *Asian Politics & Policy*, Vol. 2, No. 4, 2010.

50. Kent P. Schwirian and John W. Prehn, "An Axiomatic Theory of Urbanization", *American Sociological Review*, Vol. 27, No. 6, 1962.

51. King, D. W. and Griffiths, J. M., "Economic issues concerning electronic publishing and distribution of scholarly articles", *Library Trends*, Vol. 43, No. 4, 1995.

52. Kloosterman, R., "Double Dutch: Polarization trends in Amsterdam and Rotterdam after 1980", *Regional Studies*, Vol. 30, No. 5, 1996.

53. Lily L. Tsai, *Accountability without Democracy: Solidary Groups and Public Goods Provision in Rural China*, Cambridge: Cambridge Uni-

versity Press, 2007.

54. Louis Wirth, "Urbanization as a way of life", *American Journal of Sociology*, Vol. 49, 1989.

55. Lynn, Lawrence E., Carolyn J. Heinrich and Carolyn J. Hill, *Improving Governance: A New Logic for Empirical Research*, Washington D. C.: Georgetown University Press, 2001.

56. Mackenbach, J., "Socio – economic health differences in the Netherlands: A review of recent empirical findings", *Social Science and Medicine*, Vol. 35, No. 3, 1992.

57. Marcelo Resende, "Gibrat's Law and the Growth of Cities in Brazil: A Panel Date Investigation", *Urban Studies*, Vol. 41, No. 8, 2004.

58. Marshall, T. H., *Citizenship and Social Class*, *Sociology at the Crossroads and Other Essays*, London: Heinemann Educational Books Ltd, 1963.

59. Martin, S. I., "Sanderson. Evaluating Public Policy Experiments", *Evaluation*, Vol. 5, No. 3, 1999.

60. Michael Hechter, *Christine Horne. Theories of Social Order*, *Stanford Social Science*, An Imprint of Stanford University Press, 2003.

61. Michael McGuire, "Collaborative Public Management: Assessing What We Know and How We Know It", *Public Administration Review*, 2006, Special Issue.

62. Michela Arnaboldi, Giovanni Azzone and Alberto Savoldelli, "Managing A Public Sector Project: The Case of the Italian Treasury Ministry", *International Journal of Project Management*, 2004.

63. Michele M. Betsill and Harriet Bulkeley, "Transnational Networks and Global EnvironmentalGovernance: The Cities for Climate Protection Program", *International Studies Quarterly*, No. 48, 2004.

64. Misuraca Gianluca, Alfano Giuseppe and Viscusi Gianluigi, *Multi – Level Interoperability for ICT – Enabled Governance: A Framework for Assessing Value Drivers and Implications for European Policies*, Proceed-

ings of the 10th European Conference on Egovernent, 2011.

65. Mulugeta S. Kahsai, "Deconcentration, Counter – Urbanization, or Trend Reversal? The Population Distribution of Switzerland, Revisited", *The Open Urban Studies Journal*, No. 3, 2010.

66. Neil Smelser, William Wilson and Faith Mitchell, "The Growing Complexity of America's Racial Mosaic", *Population Matters*, No. 1, 2001.

67. Neuman, W. L., *Social Research Methods: Qualitative and Quantitative Approaches*, Boston: Allyn and Bacon, 1997.

68. North, D., *Institutions, Institutional Change and Economic Performance*, Cambridge: Cambridge University Press, 1990.

69. Organisation for Economic Cooperation and Development (OECD), *Measuring social well – being: A progress report on the development of social indicators*, Paris, 1976.

70. Organization for Economic Cooperation and Development (OECD), *Governance in China*, Paris, 2005.

71. Owen E. Hughes, *Public Management and Administration: An Introduction* (Three edtion), Beijing: Renmin University of China Press, 2004.

72. Page, R. M., "The Changing Face of Social Administration", *Social Policy & Administration*, Vol. 44, No. 3, 2010.

73. Patricia W. Ingraham, *Government Performance: Why Management Matters*, Johns Hopkins University Press, 2003.

74. Patrick Dunleavy, "New Public Management is Dead – Long Live the Digital Era Governance", *Journal of Public Administration Research and Theory*, No. 3, 2006.

75. Peng Jinpeng, "Holistic Governance: Theory and Strategy of Institutionalization", *Study of Political Science*, No. 23, 2005.

76. Pesch, U., "The Publicness of Public Administration", *Administration & Society*, Vol. 40, No. 2, 2008.

77. Peter Deleon, *Reinventing the Policy Sciellce*: *Three Steps Back to the Future*, *Policy Science*, No. 27, 1994.

78. Pierson, P., "The Limits of Design: Explaining Institutional Origins and Change", *Governance*, Vol. 13, No. 4, 2000.

79. Pollitt, C. and Bouckaert, G., *Public Management Reform*: *A Comparative Analysis*, Oxford: University Press, 2004.

80. Pranad, B., "Decentralization of Governance and Development", *Journal of Economic Perspectives*, Vol. 16, No. 4, 2002.

81. Ray, M. Northam, *Urban Geography*, Wiley, 1975.

82. Raymond, A. Bauer, *Social Indicators*, MIT Press, 1966.

83. Richard, C. B., *Citizen Governance*: *Leading American Communities into 21st Centuries*, California: SAGE Publication, Inc., 1999.

84. Robert R. Weaver, "Some implications of the emergence and diffusion of medical expert systems", *Qualitative Sociology*, Vol. 9, No. 3, 1986.

85. Rothstein, B., *Just Institutions Matter*: *The Moral and Political Logic of the Universal Welfare State*, New York: Cambridge University Press, 1998.

86. Rothstein, B. and Jan, T., "What is Quality of Govemment? A Theory of ImPartial Government Institutions", *Governance*, Vol. 21, No. 2, 2008.

87. Samik Shome, "India's urbanization and business attractiveness by 2020", *Cities*, No. 31, 2013.

88. Schakel, A. H., "Explaining Regional and Local Government: An Empirical Test of the Decentralization Theorem", *Governance*: *An International Journal of Policy Administration*, *and Institutions*, Vol. 23, No. 2, 2010.

89. Schmidt, V. A., "Discursive Institutionalism: The Explanatory Power of Ideas and DisCourses", *Annual Review of Political Science*, No. 11, 2008.

90. Shaw – Taylor and Leigh, "Parliamentary Enclosure and the Emergence of an English Agricultural Proletariat", *Journal of Economic History*, Vol. 61, No. 3, 2001.

91. Sheila Lewis, "Delivering 'Best Value' in Local Government Services", *Proceedings of Value Engineering and Technology Innovation*, Zhejiang, 1999.

92. Shen, J. F., "Understanding dual – track urbanization in post – reform China: Conceptual fra – mework and empirical analysis", *Population, Space and Place*, Vol. 12, No. 6, 2006.

93. Sheppard, E., "Socialist Cities?", *Urban Geography*, Vol. 21, No. 8, 2000.

94. Sirkku Juhola and Lisa Westerhoff, "Challenges of Adaptation to Climate Change across Multiple Scales: A Case Study of Network Governance in Two European Countries", *Environmental Science & Policy*, No. 14, 2011.

95. Stephen Goldsmith and William Eggers, *Governing by Network: The New Shape of the Public Sector*, Beijing: Peking University Press, 2008.

96. Stephen, K. Ma, "What Can We Learn from Recent Developments in China's Public Administration?", *Public Administration Review*, No. 6, 2007.

97. Thomas J. Sugrue, *The Origins of the Urban Crisis: Race and Inequality in Postwar Detroit*, Princeton University Press, 2005.

98. Timothy Hellwig and Eva Coffey, "Public opinion, party messages, and responsibility for the financial crisis in Britain", *Electoral Studies*, Vol. 9, No. 3, 2011.

99. Troy W. Hartley, "Fishery Management as a Governance Network: Examples from the Gulf of Maine and the Potential for Communication Network Analysis research in Fisheries", *Marine Policy*, No. 34, 2010.

100. Wong, D. F. K., Li, C. Y. and Song, H. X., "Rural migrant

workers in urban China: Living a marginalized life", *International Journal of Social Welfare*, Vol. 16, No. 1, 2007.

101. Zahray, W. P. and Sirbu, M., "The provision of scholarly journals by Libraries via electronic technologies: An economic analysis", *Information Economics and Policy*, No. 4, 1990.

二　中文著作、期刊类

1. ［澳］欧文·E. 休斯:《公共管理导论》第三版，张成福、王学栋译，中国人民大学出版社2007年版。
2. ［德］哈贝马斯:《公共领域的结构转型》，曹卫东等译，学林出版社1999年版。
3. ［德］马克斯·韦伯:《社会科学方法论》，李秋霖、田薇译，中国人民大学出版社1999年版。
4. ［德］乌尔里希·贝克:《风险社会》，吴英姿、孙淑敏译，南京大学出版社2004年版。
5. ［法］让·雅克·卢梭:《社会契约论》，何兆武译，商务印书馆1980年版。
6. ［美］B. 盖伊·彼得斯:《政府未来的治理模式》，吴爱明等译，中国人民大学出版社2013年版。
7. ［美］爱德华·A. 罗斯:《社会控制》，秦志勇、毛永政等译，华夏出版社1987年版。
8. ［美］彼得·德鲁克著，［日］上田惇生编:《卓有成效的社会管理》，齐思贤译，东方出版社2009年版。
9. ［美］戴维·奥斯本、特德·盖布勒:《改革政府——企业家精神如何改革着公营部门》，周敦仁译，上海译文出版社2006年版。
10. ［美］加布里埃尔·A. 阿尔蒙德、小G. 宾厄姆·鲍威尔:《比较政治学：体系、过程和政策》，曹沛霖等译，上海译文出版社1987年版。
11. ［美］拉塞尔·M. 林登:《无缝隙政府：公共部门再造指南》，汪大海、吴群芳译，中国人民大学出版社2002年版。
12. ［美］莱斯特·M. 萨拉蒙:《全球公民社会——非营利部门视

角》，贾西津等译，社会科学文献出版社 2002 年版。
13. ［美］理查德·C. 博克斯：《公民治理：引领 21 世纪的美国社区》，孙柏瑛等译，中国人民大学出版社 2005 年版。
14. ［美］帕森斯：《社会行动的结构》，彭刚、张明德、夏翼南译，译林出版社 2003 年版。
15. ［美］乔纳森·H. 特纳：《社会学理论的结构》，邱泽奇、张茂元等译，华夏出版社 2006 年版。
16. ［美］塞缪尔·P. 亨廷顿：《变化社会中的政治秩序》，王冠华等译，上海三联书店 1989 年版。
17. ［美］塞缪尔·P. 亨廷顿：《文明的冲突与世界秩序的重建》，周琪等译，新华出版社 2010 年版。
18. ［美］西蒙·库兹涅茨：《现代经济增长》，戴睿、易诚译，北京经济学院出版社 1989 年版。
19. ［美］西摩·马丁·利普斯特：《政治人》，刘刚敏、聂荣译，商务印书馆 1993 年版。
20. ［美］约翰·罗尔斯：《正义论》，何怀宏等译，中国社会科学出版社 1988 年版。
21. ［美］约瑟夫·S. 奈、约翰·D. 唐纳德：《全球化世界的治理》，王勇、门洪华等译，世界知识出版社 2003 年版。
22. ［美］詹姆斯·N. 罗西瑙：《没有政府的治理》，张胜军、刘小林译，江西人民出版社 2001 年版。
23. ［苏］A. M. 奥马罗夫：《社会管理：某些理论与实践问题》，王思斌、宣兆凯等译，浙江人民出版社 1987 年版。
24. ［以］叶海卡·德罗尔：《逆境中的政策制定》，王满传等译，远东出版社 1996 年版。
25. ［英］达尔夫·达仁道夫：《现代社会冲突》，林荣远译，中国社会科学出版社 2000 年版。
26. ［英］约翰·洛克：《政府论》下篇，叶启芳等译，商务印书馆 2011 年版。
27. ［英］约翰·梅纳德·凯恩斯：《凯恩斯文集》，李春荣等译，中国社会科学出版社 2013 年版。
28. 柏学翥：《城市化与公共管理创新》，人民出版社 2012 年版。
29. 包国宪、周云飞：《中国政府绩效评价：回顾与展望》，《科学学与科学技术管理》2010 年第 7 期。
30. 编写组：《社会建设与社会管理创新研究》，中国人民大学出版社 2012 年版。
31. 曾培炎：《中国经济和社会发展第十个五年计划学习纲要辅导》，人民出版社 2001 年版。
32. 陈宏彩：《公民身份、公民社会与公共秩序》，《中共天津市委党校学报》2012 年第 1 期。
33. 陈庆立：《城镇化视角下农村社会管理创新研究》，《城市观察》2013 年第 1 期。
34. 陈天祥、宁静：《社会建设绩效测量：一项公民满意度调查》，《中山大学学报》（社会科学版）2010 年第 2 期。
35. 陈天祥：《政府绩效管理研究：回归政治与技术双重理性主义》，《浙江大学学报》（人文社会科学版）2011 年第 4 期。
36. 陈振明、耿旭：《社会管理创新研究的进展》，《东南学术》2013 年第 7 期。
37. 陈振明、李德国、蔡晶晶：《政府社会管理职能的概念辨析》，《东南学术》2005 年第 4 期。
38. 陈振明、李德国：《社会管理创新研究需要关注的几个问题》，《东南学术》2012 年第 2 期。
39. 陈振明等：《社会管理——理论、实践与案例》，中国人民大学出版社 2012 年版。
40. 仇保兴：《我国城镇化的特征、动力与规划调控》，《城市发展研究》2003 年第 2 期。
41. 仇保兴：《我国的城镇化与规划调控》，《城市规划》2002 年第 9 期。
42. 单卓然、黄亚平：《“新型城镇化”概念内涵、目标、内容、规划策略及认知误区解析》，《城市规划学刊》2013 年第 2 期。

43. 邓伟志、张钟汝、范明林：《社会管理与社会政策》，上海人民出版社 2007 年版。
44. 丁煌：《逆向选择、利益博弈与政策执行阻滞》，《北京航空航天大学学报》（社会科学版）2010 年第 1 期。
45. 丁煌：《西方行政学理论概要》，中国人民大学出版社 2011 年版。
46. 丁元竹：《社会发展管理》，中国经济出版社 2006 年版。
47. 丁元竹：《中国社会建设：战略思路与基本对策》，北京大学出版社 2008 年版。
48. 丁元竹：《当前我国社会管理创新的主要领域和基本做法》，《马克思主义与现实》2011 年第 5 期。
49. 丁元竹：《社会管理发展的历史和国际视角》，《国家行政学院学报》2011 年第 12 期。
50. 丁元竹：《当前加强和创新社会管理面临的十大问题》，《行政管理改革》2012 年第 1 期。
51. 丁元竹：《2012 年进一步创新社会管理的几点思考》，《中共中央党校学报》2012 年第 2 期。
52. 窦玉沛：《社会管理与社会和谐》，中国社会出版社 2005 年版。
53. 风笑天、张小山、周清平：《社会管理学概论》，华中科技大学出版社 1999 年版。
54. 高志刚：《基于组合评价的中国区域竞争力分类研究》，《经济问题探索》2006 年第 1 期。
55. 龚维斌：《从单位管理走向社会建设》，《国家行政学院学报》2009 年第 4 期。
56. 龚维斌：《我国社会管理体制存在的主要问题》，《理论视野》2010 年第 1 期。
57. 辜胜阻：《非农化与城镇化研究》，浙江人民出版社 1991 年版。
58. 辜胜阻：《中国城镇化的发展特点及其战略思路》，《经济地理》1991 年第 3 期。
59. 辜胜阻、李正友：《中国自下而上城镇化的制度分析》，《中国社会科学》1998 年第 2 期。

60. 辜胜阻、易善策、李华：《中国特色城镇化道路研究》，《中国人口·资源与环境》2009 年第 1 期。
61. 顾朝林：《经济全球化与中国城市发展》，商务印书馆 2000 年版。
62. 顾仁华：《改善民生是落实科学发展的必然要求》，《湖北社会主义学院学报》2007 年第 4 期。
63. 韩庆祥：《人的全面发展理论及其当代意义》，《科学社会主义》2004 年第 1 期。
64. 韩庆祥：《"以人为本"的科学内涵及其理性实践》，《河北学刊》2004 年第 5 期。
65. 韩庆祥：《关于以人为本的若干重要问题》，《哲学研究》2005 年第 2 期。
66. 何增科、朱普群等：《社会管理领域的体制机制问题研究》，《当代中国政治研究报告》，工作论文，深圳大学，2013 年。
67. 何增科：《社会管理与社会体制》，中国社会出版社 2008 年版。
68. 何增科：《我国社会管理体制的现状分析》，《甘肃行政学院学报》2009 年第 4 期。
69. 何增科：《深化十大社会管理体制改革的具体构想》，《北京行政学院学报》2010 年第 2 期。
70. 和经纬：《和谐社会视野下的政府社会管理》，《武汉理工大学学报》（社会科学版）2005 年第 5 期。
71. 侯定丕、王战军：《非线性评估的探索与应用》，中国科学技术出版社 2001 年版。
72. 胡宁生：《中国政府形象战略》，中共中央党校出版社 1998 年版。
73. 胡税根、余潇枫、何文炯等：《公共危机管理通论》，浙江大学出版社 2009 年版。
74. 胡税根：《公共部门绩效管理：迎接绩效革命的挑战》，浙江大学出版社 2005 年版。
75. 黄健荣、向玉琼：《论政策移植与政策创新》，《浙江大学学报》（人文社会科学版）2009 年第 2 期。
76. 黄强、程旭宇、刘琪：《地方政府社会管理能力绩效评价指标体系建构——基于网络治理的局限性》，《福建论坛》（人文社会科学版）2009 年第 8 期。

77. 纪晓岚：《城市化进程中若干社会管理问题研究：上海市徐汇区华镇研究报告》，华东理工大学出版社 2012 年版。

78. 姜爱林：《论城镇化与工业化的关系》，《经济学动态》2001 年第 9 期。

79. 姜爱林：《新中国成立以来城镇化发展的历史变迁》，《河南大学学报》（社会科学版）2002 年第 5 期。

80. 金太军、袁建军：《地方政府创新博弈分析》，《江海学刊》2005 年第 5 期。

81. 孔繁斌：《社会管理模式重构的批判性诠释——以服务行政理论为视角》，《行政论坛》2012 年第 1 期。

82. 蓝志勇：《社区发展是社会管理创新与和谐城市建设的重要基础》，《中国行政管理》2011 年第 10 期。

83. 李超显：《基于 DEA 模型的我国政府社会管理职能绩效评价研究》，《中国行政管理》2012 年第 7 期。

84. 李程伟：《社会管理体制创新：公共管理学视角的解读》，《中国行政管理》2005 年第 5 期。

85. 李程伟：《政府社会建设能力的提升：机制创新对策分析》，《新视野》2006 年第 1 期。

86. 李德国、蔡晶晶：《理解政府的社会管理职能》，《领导文萃》2005 年第 5 期。

87. 李景治：《中国社会形态的基本特征与社会管理创新》，《学术界》2011 年第 10 期。

88. 李军鹏：《论中国政府社会管理的成就、问题与对策》，《湖北行政学院学报》2005 年第 1 期。

89. 李军鹏：《政府社会管理的国际经验研究》，《中国行政管理》2004 年第 12 期。

90. 李培林、陈光金、张翼、李炜：《中国社会和谐稳定报告》，社会科学文献出版社 2008 年版。

91. 李培林、张翼、赵延东、梁栋：《社会冲突与阶级意识：当代中国社会矛盾问题研究》，社会科学文献出版社 2005 年版。
92. 李培林：《正确处理新时期社会矛盾的关键点》，《经济研究参考》2004 年第 31 期。
93. 李培林：《社会建设与我国新发展阶段的战略选择》，《中共中央党校学报》2011 年第 6 期。
94. 李屏南、叶宏：《构建促进社会和谐的社会管理机制》，《湖南师范大学社会科学学报》2007 年第 2 期。
95. 李铁：《正确处理城镇化发展过程中的几个关系》，《行政管理改革》2012 年第 9 期。
96. 李学举：《加强社会建设和管理，促进社会和谐发展》，《求是》2005 年第 4 期。
97. 李友俊、李丽萍、孙菲：《统计学》第二版，石油工业出版社 2013 年版。
98. 励慧芳：《和谐社会的理论研究与实践探索》，中共中央党校出版社 2008 年版。
99. 刘继同：《由静态管理到动态管理：中国社会管理模式的战略转变》，《管理世界》2002 年第 10 期。
100. 刘旺洪：《社会管理创新：概念界定、总体思路和体系建构》，《江海学刊》2011 年第 5 期。
101. 刘伟忠、张宇：《中国语境中社会管理创新的多维阐释》，《求实》2012 年第 7 期。
102. 卢冶飞、孙忠宝：《应用统计学》，清华大学出版社 2012 年版。
103. 陆学艺、李培林：《中国社会发展报告》，社会科学文献出版社 2007 年版。
104. 陆学艺：《社会建设就是建设社会现代化》，《社会学研究》2011 年第 4 期。
105. 陆学艺：《中国社会建设与社会管理：对话争鸣》，社会科学文献出版社 2011 年版。
106. 陆学艺：《别让社会结构成为现代化的“瓶颈”》，《人民论坛》

2012 年第 1 期。
107. 陆学艺：《社会建设论》，社会科学文献出版社 2012 年版。
108. 罗炳锦：《创新社会管理，实施城镇化发展战略》，厦门大学出版社 2012 年版。
109. 吕志奎：《中国社会管理创新的战略思考》，《政治学研究》2011 年第 6 期。
110. 马凯：《努力加强和创新社会管理》，《国家行政学院学报》2010 年第 10 期。
111. 马凯：《以转变政府职能为核心，深化行政管理体制改革》，《国家行政学院学报》2008 年第 9 期。
112. 马立平：《居民幸福感的测量》，《首都经济贸易大学学报》2007 年第 2 期。
113. 毛寿龙、蔡晶晶：《中国城市化进程中乡村治理的变迁问题——基于贵州省习水县二郎乡实施“三关工程”的思考》，《华东经济管理》2009 年第 2 期。
114. 毛寿龙等：《西方政府的治道变革》，中国人民大学出版社 1998 年版。
115. 蒙世军：《城镇化与民族经济繁荣》，中央民族大学出版社 1998 年版。
116. 倪鹏飞：《新型城镇化的基本模式、具体路径与推进对策》，《江海学刊》2013 年第 1 期。
117. 全钟燮：《公共行政的社会建构：解释与批判》，北京大学出版社 2008 年版。
118. 邵静野：《变革时代的社会管理创新》，国家行政学院出版社 2012 年版。
119. 施雪华：《论政府能力及其特性》，《政治学研究》1996 年第 3 期。
120. 施雪华：《互联网与中国社会管理创新》，《学术研究》2012 年第 6 期。
121. 施雪华：《当前中国社会管理的成就、问题与改革》，《学习与探索》2013 年第 3 期。
122. 世界银行：《2009 年世界发展报告：重塑世界经济地理》，胡光宇译，清华大学出版社 2009 年版。
123. 宋林飞：《建立社会管理体系的难点和突破》，《社会科学研究》2012 年第 6 期。
124. 孙柏瑛：《当代政府治理变革中的制度设计与选择》，《中国行政管理》2002 年第 2 期。
125. 孙柏瑛：《当代地方治理：面向 21 世纪的挑战》，中国人民大学出版社 2004 年版。
126. 孙柏瑛：《公民参与形式的类型及其适用性分析》，《中国人民大学学报》2005 年第 5 期。
127. 孙柏瑛：《基层政府社会管理中的适应性变革》，《中国行政管理》2012 年第 5 期。
128. 孙柏瑛：《社会管理与政府能力建构》，《南京社会科学》2012 年第 8 期。
129. 孙柏瑛：《地方政府社会管理创新中的观念误区》，《行政管理改革》2013 年第 7 期。
130. 孙立平：《走向积极的社会管理》，《社会学研究》2011 年第 4 期。
131. 孙宇：《电子政务建设与行政管理创新互动关系探析》，《中国行政管理》2008 年第 9 期。
132. 孙宇：《政府信息公开、公共政策议程和参与型治理》，《中国行政管理》2009 年第 2 期。
133. 孙志祥：《中国式社区治理：基层社会服务管理创新的探索与实践》，中国社会出版社 2011 年版。
134. 谭敏：《幸福指数研究及其应用的若干误区与思考》，《福建论坛》（人文社会科学版）2013 年第 6 期。
135. 唐任伍、李澄：《多元治理视阈下中国环境治理的策略选择》，《中国人口·资源与环境》2014 年第 2 期。
136. 唐任伍、赵国钦：《公共服务跨界合作：碎片化服务的整合》，

《中国行政管理》2012 年第 8 期。
137. 唐任伍：《我国城镇化进程的演进轨迹与民生改善》，《改革》2013 年第 6 期。
138. 唐任伍等：《2002 年中国省级地方政府绩效测度》，《中国行政管理》2004 年第 6 期。
139. 陶庆：《社会和谐治理："正当妥协"的宪政地方性知识——以南方市福街草根民间商会为例》，《人文杂志》2007 年第 3 期。
140. 童星：《社会管理学概论》，南京大学出版社 1991 年版。
141. 童星：《论马克思的社会发展理论》，《江苏大学学报》（社会科学版）2009 年第 11 期。
142. 童星：《社会管理的组织创新——从"网格连心、服务为先"的"仙林模式"谈起》，《江苏行政学院学报》2012 年第 1 期。
143. 万军：《社会建设与社会管理创新》，国家行政学院出版社 2011 年版。
144. 汪大海、刘金发：《社会管理创新研究的新视角：地方试点及经验研究》，《中国行政管理》2013 年第 4 期。
145. 汪大海、南锐：《新型城镇化背景下的社会管理转型升级——从碎片化社会管理走向整体性社会管理》，《学术界》2013 年第 12 期。
146. 汪大海、张玉磊：《从运动式治理到制度化治理：新型城镇化的治理模式选择》，《探索与争鸣》2013 年第 11 期。
147. 汪大海：《转型期中国公共行政市场价值和公共价值的整合》，《中国行政管理》2011 年第 11 期。
148. 汪大海：《复杂社会网络：群体性事件生成机理研究的新视角》，《中国行政管理》2012 年第 6 期。
149. 汪大海：《重大事项社会稳定风险评估制度的运行框架与政策建议》，《中国行政管理》2012 年第 12 期。
150. 汪大海：《社会管理》，中国人民大学出版社 2013 年版。
151. 王发曾：《新型城镇化引领三化协调科学发展》，人民出版社 2012 年版。

152. 王华春：《城市化进程、农民转移与土地制度创新》，《农村经济》2012 年第 9 期。
153. 王建民：《中国地方政府机构绩效考评目标模式研究》，《管理世界》2005 年第 10 期。
154. 王建民、狄增如：《“顶层设计”的内涵、逻辑与方法》，《改革》2013 年第 5 期。
155. 王健等著：《政府经济管理概论》，中国人民大学出版社 2007 年版。
156. 王乐夫：《公共管理（MPA）简明教程》，广西师范大学出版社 2005 年版。
157. 王磊、胡鞍钢：《中国社会管理创新的制度背景》，《探索与争鸣》2011 年第 9 期。
158. 王绍基：《新时期基层社会管理的创新与实践》，复旦大学出版社 2011 年版。
159. 王莺：《西部地区省级政府社会管理职能绩效评价的实证研究》，硕士学位论文，西北大学，2008 年。
160. 魏礼群：《加强和创新社会管理讲座》，学习出版社 2011 年版。
161. 魏礼群：《新形势下加强和创新社会管理研究》，国家行政学院出版社 2011 年版。
162. 温铁军：《农村城镇化过程中的陷阱》，《战略与管理》1998 年第 6 期。
163. 吴建南：《公共部门绩效评估：理论与实践》，《中国科学基金》2009 年第 3 期。
164. 吴江：《中国新型城镇化进程中的地方政府行为研究》，《中国行政管理》2009 年第 3 期。
165. 向春玲：《论多种社会主体在社会管理创新中的作用》，《中共中央党校学报》2011 年第 5 期。
166. 谢庆奎、陶庆：《政府执行力探索》，《中国行政管理》2007 年第 11 期。
167. 徐学初：《在城镇化背景下深入推进社会管理创新》，《青海统计》2012 年第 8 期。
168. 许益军：《中国特色社会管理：一个基于体系分析的解释框架》，《南京社会科学》2012 年第 6 期。
169. 杨冠琼、刘雯雯：《公共问题与治理体系：国家治理体系与能力现代化的问题基础》，《中国行政管理》2014 年第 2 期。
170. 杨冠琼：《政府管理创新的判断准则及其特征》，《新视野》2006 年第 5 期。
171. 杨宏山：《合作治理与社会服务管理创新："朝阳模式"研究》，中国经济出版社 2012 年版。
172. 杨建华：《社会权利：社会管理的中轴结构》，《浙江工商大学学报》2012 年第 2 期。
173. 杨雪冬：《走向社会权利导向的社会管理体制》，《华中师范大学学报》（人文社会科学版）2010 年第 1 期。
174. 叶宗裕：《关于多指标综合评价中指标正向化和无量纲化方法的选择》，《浙江统计》2003 年第 4 期。
175. 俞可平、李慎明、王伟光：《马克思主义视域中的和谐社会建设》，重庆出版社 2007 年版。
176. 俞可平：《治理与善治》，社会科学文献出版社 2000 年版。
177. 俞可平：《治理和善治：一种新的政治分析框架》，《南京社会科学》2001 年第 9 期。
178. 俞可平等：《政府创新的理论与实践》，江苏人民出版社 2005 年版。
179. 俞可平：《中华人民共和国六十年政治发展的逻辑》，《马克思主义与现实》2010 年第 1 期。
180. 郁建兴、冯涛：《城市化进程中的地方政府治理转型：一个新的分析框架》，《社会科学》2011 年第 11 期。
181. 张成福：《社会变迁与政府创新：中国政府改革 30 年》，中国人民大学出版社 2009 年版。
182. 张国庆：《行政管理学概论》，北京大学出版社 2000 年版。
183. 张康之、张乾友：《民主的没落与公共性的扩散——走向合作治理的社会治理变革逻辑》，《社会科学研究》2011 年第 1 期。
184. 张康之：《社会治理中的价值》，《国家行政学院学报》2003 年第 5 期。
185. 张康之：《论参与治理、社会自治与合作治理》，《行政论坛》2008 年第 6 期。
186. 张康之：《论政府行为模式从控制向引导的转变》，《北京行政学院学报》2012 年第 2 期。
187. 张康之：《打破社会治理中的信息资源垄断》，《行政论坛》2013 年第 7 期。
188. 张明军、陈朋：《社会管理研究在中国：进路与焦点》，《学术界》2012 年第 1 期。
189. 张铭、陆道平：《西方行政管理思想史》，南开大学出版社 2008 年版。
190. 张占斌：《新型城镇化的战略意义和改革难题》，《国家行政学院学报》2013 年第 1 期。
191. 章文光：《科学定位我国政府职能》，《学术界》2005 年第 6 期。
192. 郑成功：《社会保障》，高等教育出版社 2007 年版。
193. 郑方辉：《幸福指数及其评价指标体系构建》，《学术研究》2011 年第 6 期。
194. 郑杭生、黄家亮：《论我国社区治理的双重困境与创新之维——基于北京市社区管理体制改革实践的分析》，《东岳论丛》2012 年第 1 期。
195. 郑杭生：《社会学视野中的社会建设与社会管理》，《中国人民大学学报》2006 年第 2 期。
196. 郑杭生：《我国社会建设社会管理的参照系及其启示》，《国家行政学院学报》2011 年第 6 期。
197. 郑杭生等：《走向更加有序的社会：快速转型期社会矛盾及其治理》，中国人民大学出版社 2007 年版。
198. 郑杭生等：《走向更讲治理的社会：社会建设与社会管理》，中国人民大学出版社 2006 年版。

199. 中国社会管理评价体系课题组：《中国社会治理评价指标体系》，《中国治理评论》第2辑，中央编译出版社2012年版。
200. 周红云：《理解社会管理与社会管理体制：一个角度和框架》，《中共天津市委党校学报》2009年第3期。
201. 周一星：《城市地理学》，商务印书馆2003年版。
202. 周志忍：《公共性与行政效率研究》，《中国行政管理》2000年第4期。
203. 朱杰、秦惠林、刘军：《多元数据分析方法及应用》，兵器工业出版社2009年版。

三 报纸、网站资料

1. 蔡洪斌：《新型城镇化应是改革战略》，《人民日报》2013年5月13日。
2. 陈鸿宇：《新型城镇化核心要求是人的城镇化》，《南方日报》2013年3月25日。
3. 丁元竹等：《努力建设中国特色社会管理体系》，《人民日报》2011年7月8日。
4. 杨建顺：《社会管理创新的内容、路径与价值分析》，《检察日报》2010年2月2日。
5. 辜胜阻：《城镇化是最大的发展红利》，http://business.sohu.com/20130220/n366534106.shtml，2013年2月20日。
6. 《国家新型城镇化规划（2014—2020年）》，http://news.xinhuanet.com/2014-03/16/c_119791251_2.htm。
7. 胡锦涛：《在中国共产党第十八次全国代表大会上的报告》，http://www.xj.xinhuanet.com/2012-11/19/c_113722546.htm。
8. 胡锦涛：《扎扎实实提高社会管理科学化水平，建设中国特色社会主义社会管理体系》，http://news.xinhuanet.com/politics/2011-02/20/c_121101348.htm。
9. 黄尤波：《加强社会管理，改善三大民生》，《东莞日报》2012年6月19日。
10. 李克强：《在改革开放进程中深入实施扩大内需战略》，《人民日报》2012 年 2 月 16 日。

11. 李克强：《协调推进城镇化是实现现代化的重大战略选择》，http://theory.people.com.cn/n/2012/1026/c40531-19403044.html。
12. 李培林：《创新社会管理是我国改革的新任务》，《人民日报》2011 年 2 月 18 日。
13. 李强：《社会管理创新重在体制创立》，《辽宁日报》2012 年 12 月 11 日。
14. 郑杭生：《不断提高社会管理科学化水平》，《人民日报》2011 年 4 月 21 日。
15. 中共中央政治局召开会议研究加强和创新社会管理问题，http://news.xinhuanet.com/politics/2011-05/30/c_121475082.htm。

后　记

本书是以笔者的博士学位论文为基础完成的。虽然在撰写的过程中遇到了很多失败和挫折，但幸运的是，每次都战胜了失败和挫折，并在不断历练中获得了进步。我深知每一次进步中无不凝聚了师长、同学、朋友和亲人的帮助与关怀。在此，谨向他们致以诚挚的谢意。

在撰写过程中得到了我的两位导师北京师范大学政府管理学院汪大海教授和魏成龙教授，中国人民大学公共管理学院张康之教授，北京师范大学政府管理学院唐任伍教授、章文光教授和杨冠琼教授，福州大学公共管理学院王新民研究员和李会欣教授等诸位老师给予的悉心指导和帮助。我的博士同学——中央财经大学柴铎老师、曲阜师范大学刘金发老师、北京市社会科学院毕娟老师、中国公安大学邓雁玲老师、成都市政府政策研究室的朱兴宏博士、河南省委统战部的翟羽佳博士、中国纪检监察学院周昕皓博士、国家开发银行李晓博士也为本书的研究提供了很多建设性意见。我的师兄牛松博士、张建伟博士、孙牧博士，师弟张玉磊博士、柳亦博博士、钟振明博士、曹永启博士，师妹刘敏博士、杨永娇博士、何璐、张沃野也为本书的写作提供了很多的帮助。在此对他们再次表示衷心感谢。在本书的出版过程中，也得到了我的工作单位中国矿业大学（北京）文法学院的各位领导和同事的大力支持和帮助，在此对他们表示诚挚的谢意。

最后，还得衷心感谢我的家人，他们一直是我前进的原动力。在此我最需要感谢我的父母，他们虽步入花甲之年，仍十分支持我的学习，给予了很多的鼓励和帮助，使我有勇气面对一切困难和挫折。感谢我的姐姐、姐夫、哥哥、嫂子等家人的无私关爱，他们的爱是我坚强的后盾和永恒的动力。我很感激能在这样的家庭幸福地生活着。

与此同时，谨向论文中所列参考文献的诸位作者表示感谢，他们的科研成果为我的研究奠定了基础。也向为本书提出宝贵意见的学者们表示衷心的感谢。

南　锐

2017 年 5 月